地县供电企业统计工作手册

主　编　郁家麟
副主编　郑　琦　赵　扉　李　春

中国电力出版社
CHINA ELECTRIC POWER PRESS

内 容 提 要

本书基于编写团队成员多年从事地市供电企业统计工作实际工作经验，融合理论与实践，对新到岗统计人员有较强的参考价值。重点讲述了地县供电企业统计工作涉及的电力生产统计基础知识、各类报表指标定义、填报方法、数据校核等，包括各统计系统登录方法、平衡检查等。

本书共六章，包括电力生产统计基础知识、发电统计月报、生产统计月报、农网统计月报、投资月报、能耗报表。

本书可供地县级供电企业统计人员使用，也可供相关专业人员参考学习。

图书在版编目（CIP）数据

地县供电企业统计工作手册 / 郁家麟主编. —北京：中国电力出版社，2021.6
ISBN 978-7-5198-5750-9

Ⅰ. ①地…　Ⅱ. ①郁…　Ⅲ. ①供电–工业企业–工业统计–中国–手册　Ⅳ. ①F426.61-62

中国版本图书馆 CIP 数据核字（2021）第 129542 号

出版发行：中国电力出版社
地　　址：北京市东城区北京站西街 19 号（邮政编码 100005）
网　　址：http://www.cepp.sgcc.com.cn
责任编辑：邓慧都（010-63412636）
责任校对：黄　蓓　马　宁
装帧设计：张俊霞
责任印制：石　雷

印　　刷：河北鑫彩博图印刷有限公司
版　　次：2021 年 6 月第一版
印　　次：2021 年 6 月北京第一次印刷
开　　本：710 毫米×1000 毫米　16 开本
印　　张：9.5
字　　数：167 千字
定　　价：52.00 元

前言 Preface

统计工作的基本任务是服务国家电网有限公司发展目标，对国家电网有限公司系统的生产经营活动进行统计调查和分析，提供统计信息和咨询，开展统计监督工作。统计工作的基本原则是真实准确、完整及时、可研严谨、优质服务。

为了更好地贯彻国家电网有限公司战略部署，落实报表制度要求，进一步夯实统计工作基础，强化数据质量管理，为国家电网有限公司和电网高质量发展提供决策支撑，组织编写《地县供电企业统计工作手册》。本手册对地县供电企业报表上报流程和注意事项进行梳理，同时简明易懂地对统计结果的来龙去脉进行阐释，真正明白“数据从哪儿来”“数据怎么报”“数据怎么用”；针对不同类型报表，分为增加期别、数据填写、数据汇总保存、数据校核、数据报送五大步骤，设计填报流程图，针对报表中容易错漏的关键节点给出针对性的解决方案。

本手册可作为地县级供电企业统计人员的工作手册，也可以作为地县级供电企业新入职统计工作人员的学习培训资料。

本手册在编写过程中得到了国家电网有限公司系统统计专业多位专家的帮助和支持，在此一并深表谢意。由于时间仓促，编者水平有限，书中难免存在疏漏和不足之处，还望广大读者不吝批评指正。

编　者

2021 年 4 月

目录 Contents

第一章　电力生产统计基础知识

第一节　电力系统基本概念

电力系统是由电源、电网和用户组成的整体，即由电源、变电站（换流站）、输配电装置、电力网的线路、用户用电设备和相应的辅助系统，按规定的技术和经济要求组成的将其他能源转换为电能并输送和分配到用户的统一系统。

一、电源

电力系统中的电源是指将初级能源（一次能源）或其他能源转换为电力能源的设备和装置。

按利用的自然资源不同，可分为水力发电（含抽水蓄能发电）、燃煤发电、燃油发电、燃气发电、核能发电、地热发电、风力发电、太阳能发电、海洋能发电等。

分布式电源指接入 35kV 及以下电压等级，位于用户附近，就地消纳为主的电源，包括分布式发电和储能。

二、电网

电力系统中的电网是指输送、变换和分配电能的设备和装置。由变电站、配电装置和各种不同电压等级的线路组成，是电源和用户之间的中间环节。电网包括输电网和配电网。

（一）输电网

输电网主要将远离负荷中心的发电厂电源所发出的电能，经过变压器升高电压并通过高压输电线路输送到邻近负荷中心的枢纽变电站，是由发电电源厂的电力出线、输电线以及连接这些线路的变电站组成的送电网络。按照所输送电能性质输电网又可分为交流输电网和直流输电网。输电网是电力系统的主要网络（也称主网），也是电力系统中的最高等级电网，起到电力系统骨架的作用，电压等级一般为110kV及以上。

交流输电是将电源发出的交流电，经过变压器升高电压并通过高压交流输电线路输送到受端交流电网的一种输电方式。直流输电是将电源发出的交流电，经整流器变换成直流电输送到受电端，再用逆变器将直流电变换成交流电接入受端交流电网的一种输电方式。直流输电主要应用于远距离大功率输电和异步交流系统的联网。

交流1000kV及以上、直流±800kV及以上的输电网称为特高压输电网。特高压输电网是清洁能源大发展的必要支撑，其最大特点就是可以长距离、大容量、低损耗输送电能。

（二）配电网

配电网是将电能从高压变电站，直接分配到用户去的电网。一般将配电网分为高压、中压、低压配电网。高压配电网电压一般为35～110kV，中压配电网一般为6～10（20）kV，低压配电网一般为三相四线的220/380V。配电网由配电线路和配电变电站组成。

（三）用户

在电力系统中，用户即指消费电能并计量交费的客户，可以是电力消费单位，如居民、工厂、商业场所、机关等；也可以是电力生产单位，如发电厂等。

第二节　电力生产统计概述

电力生产统计是以电力生产、供应及使用的全过程作为统计管理对象，利用科学的统计调查方法，搜集和整理统计资料及其他信息，采用一定方法加工整理，系统地反映电力生产和发展变化的规律。

电力生产统计是工业统计和国民经济统计的重要组成部分，是认识和反映电力企业生产、经营管理过程和规律的工具，是电力企业管理的基础工作。电力生产统计同样具有统计的信息、咨询、监督三种功能。

一、电力生产统计的任务

（1）根据《中华人民共和国统计法》《统计法实施细则》及有关法律法规，有效地、科学地组织电力生产统计调查和管理工作。

（2）围绕电力生产、经营及管理等活动进行统计调查、组织搜集和整理电力生产统计信息资料。

（3）开展统计分析和研究，提供统计信息资料和咨询，实行统计监督。

二、电力生产统计的目的和意义

（一）企业层面

（1）提供电力生产统计信息咨询。电力生产统计反映电力企业规模和生产经营水平，为电力企业领导、相关部门提供准确、完整、系统的电力生产统计信息。

（2）监督检查企业规划计划执行情况。分析揭示规划计划执行过程中出现的薄弱环节和存在问题，提出解决问题的建议。

（3）提供经营管理决策支撑。科学预测电力行业发展的趋势，为制订计划、编制规划提供依据。全面精准的电力生产统计分析为公司制定经营策略提供决策参考。

（二）政府、行业及社会层面

电力生产统计组织搜集和整理电力工业社会经济环境信息资料，包括电源情况、电网情况、用电市场、电力能耗等统计资料。

电力生产统计数据是政府制定国民经济和社会发展规划基础，是国家实施宏观调控的依据。为政府部门分析产业现状、优化调整产业结构、开展节能减排工作等提供电力统计信息；为电力行业主管部门编制电力规划、规范市场秩序、优化电力能源开发利用等提供服务；为社会公众了解电力生产、电力供应情况，参与社会经济活动提供资料。

第三节　电力生产统计分类

一、电力生产统计按职能分类

电力生产统计按职能分类包括电力行业生产统计和电力企业生产统计。

电力行业生产统计是指由国家能源局委托中国电力企业联合会履行统计职能，依法开展电力行业统计工作。目前规范和约束电力行业统计工作的法律法规主要有《中华人民共和国统计法》《中华人民共和国统计法实施细则》《部门统计调查项目管理办法》《电力行业统计管理办法》。电力行业统计执行《电力行业统计报表制度》，主要统计所在区域的发电、供电、用电生产和电力设备情况等。电力行业统计数据反映电力行业发展现状，满足政府、行业和社会对电力行业统计数据的需求。

电力企业生产统计是指国家电网有限公司组织开展的公司生产统计，目前规范和约束公司生产统计工作的规章制度除了上述法律法规以外，还有《国家电网公司统计管理办法》《国家电网公司统计信息发布管理规定》《国家电网公司统计会审管理规定》。公司生产统计执行《国家电网公司统计报表制度》，按照统一指标体系、统一报表制度、统一数据资源的原则，公司生产统计报表体系分公司级、省级、市级、县级四层结构。

二、电力生产统计按口径分类

常用的电力生产统计口径有地区口径、农网口径、电网口径、公司口径。

地区口径：以行政区域为统计范围。

农网口径：以县域行政区域内，110kV 及以下的向县城和农村生产生活供电的电网为统计范围。

电网口径：以电网供电范围为统计范围，包括与该电网有电气联系但不在同一地区的点对网发电厂和点对网用户，不包括在同一地区但没有电气联系的孤立电网。

公司口径：以电力公司为统计范围。对县级以上电力公司，公司口径又可分为公司合并口径和直供口径。公司合并口径：以全资分公司（母公司）口径和全资子公司及控股公司为统计范围；直供口径：以母公司为统计范围。

三、电力生产统计按内容分类

电力生产统计按内容分类包含发电统计、供电统计、用电统计、电量平衡、设备统计和能耗统计等方面的内容。

（1）发电统计。对全部发电厂的生产设备、生产能力、产品产量、能源消耗及技术经济指标的统计工作构成发电统计。发电统计反映了围绕发电生产环节的各项技术经济指标、产品产量、电源分布及结构。

（2）供电统计。对供电量、售电量、线路损失电量、电网运行相关指标开展的统计工作构成供电统计。供电统计反映了围绕供电生产环节的各项技术经济指标和产品产量。

（3）用电统计。对国民经济各行业的电力消费和城乡居民生活电力消费相关指标开展的统计工作构成用电统计。用电统计反映了电力产品消费环节的行业结构及需求情况。

（4）电量平衡。对电力产品从生产侧和消费侧同时对电量指标开展平衡计算构成电量平衡的主要内容。发电量和净输入电量之和与全社会用电量在地区口径、公司口径均应保持平衡。

（5）设备统计。对发电、输电、配电、用电设备相关指标开展的统计工作构成电力设备统计。

电力设备统计反映电力设备规模和年限等各项技术指标，体现电网结构、装备水平及生产能力。

（6）能耗统计。本书所述能耗统计指公司口径能耗统计。

对公司生产经营过程中能源消费实物量和价值量的统计工作构成公司能耗统计，公司主要消费能源有电力、煤炭及制品、热力、原油、汽油、煤油、柴油、燃料油、炼焦油、燃气及制品等。

能耗统计反映了公司所属企业在生产过程中所消费的全部能源的量价情况。

第二章 发电统计月报

发电是将一次能源或其他形式的能源转换为电能的过程，发电统计以此作为统计研究对象，利用科学的统计调查方法，搜集电力生产的统计信息，并采用统计方法加工整理，系统反映发电生产的规模、水平以及发展变化规律。

发电统计包括发电生产设备、发电生产能力、发电产品产量、发电能源消耗及技术经济指标等内容。

第一节 发电分类

一、按利用能源分类

按照利用的能源分类，发电分为水力发电、火力发电、核能发电、风力发电、太阳能发电和其他类型发电。

（一）水力发电

水力发电是利用水的流量和落差（势能）生产电能，简称水电。

水力发电的基本生产过程：将上游水库或者河流的水经引水系统引入水轮机，水轮机将水能转换为旋转机械能，与之直接相连的发电机将机械能转换成电能。其能量转换的过程为：水能→机械能→电能。

抽水蓄能发电是水力发电的一种特殊形式，抽水蓄能电厂包括上下水库，在电网低谷时段抽水蓄能电厂将下水库的水抽至上水库，将多余的电能转换为水能储蓄起来；在电网高峰时段，上水库的水通过水轮机放至下水库发电，使储蓄的水能重新转换为电能。抽水蓄能电厂在抽水与发电的循环过程中有能量损失，发电量与抽水耗电量之比是抽水蓄能电厂的循环效率，一般为0.7～0.8。抽水蓄能电厂分纯抽水蓄能电厂、混合式抽水蓄能电厂和调水式抽水蓄能电厂三类。

抽水蓄能发电机组运行灵活，能在几分钟之内由停机状态到带满负荷运行，并且能快速停机，是变化速度最快的电源之一；能够迅速地从一种运行方式转换到另一种运行方式，这些优点能帮助电网有效地满足骤加的峰荷和冲击负荷。与火电机组相比，抽水蓄能机组用很低的费用就能处在空载运行状态。

（二）火力发电

火力发电是利用燃料（煤、油、天然气、生物质等）的化学能生产电能，简称火电。

火力发电按所使用的原动机（热机）不同可分为蒸汽轮机发电、燃气轮机发电、内燃机发电等。

蒸汽轮机发电的基本生产过程：燃料在锅炉中燃烧加热水使之成为高温高压的过热水蒸气（将燃料的化学能转变成热能），蒸汽压力推动汽轮机旋转（将热能转换成机械能），然后汽轮机带动发电机旋转发出电能（将机械能转变成电能）。其能量转换的基本过程为：化学能→热能→机械能→电能。

燃气轮机发电的基本生产过程：在燃烧室中，液体或气体燃料与压气机送来的压缩空气充分燃烧产生高温燃气（将燃料的化学能转变成热能），燃气在透平中膨胀做功带动转子旋转（将热能转换成机械能），然后燃气轮机带动发电机旋转发出电能（将机械能转变成电能）。其能量转换的基本过程同样为：化学能→热能→机械能→电能。

燃气轮机排气温度较高，将燃气轮机的排气直接送入余热锅炉，产生的蒸汽带动蒸汽轮机发电，则组成燃气—蒸汽联合循环发电。

内燃机发电的基本生产过程：以活塞式内燃机为例，液体或气体燃料在气缸内燃烧产生燃气（将燃料的化学能转变成热能），燃气推动活塞往复运动并推动曲轴做旋转运动（将热能转换成机械能），从而带动发电设备发出电能（将机械能转变成电能）。其能量转换的基本过程同样为：化学能→热能→机械能→电能。

火力发电机组按汽轮机热力过程分为凝汽式机组和热电联产机组。凝汽式汽轮机中的工作蒸汽全部排入凝汽器，发电机组只发电，不供热；热电联产机组既发电又供热，即在发电的同时，利用从汽轮机中抽出的部分工作蒸汽（抽汽式）或汽轮机做过功排出的全部蒸汽（背压式），经热力管道向企事业单位和居民用户输送热水和蒸汽。

火力发电按燃料不同分为燃煤发电、燃油发电、燃气发电和其他发电，其中燃气发电包括煤层气发电、沼气发电；其他发电包括余热、余压、余气发电和生物质发电（垃圾发电，农林生物质发电）。

余热、余压、余气发电是指利用工业生产过程中多余的热能、压差能、可燃气体发电。余热发电如利用钢铁、有色金属、建材（水泥、玻璃）等行业中具有280℃以上的烟气发电；余压发电如炼钢厂高炉煤气余压发电（TRT）；余气发电如利用钢铁企业的焦炉气、高炉气、转炉气，煤矿的煤层气，焦化企业的焦炉气等可燃副产气等发电。

（三）风力发电

风力发电是利用空气流动的动能（风能）生产电能，简称风电。

风力发电的基本生产过程：风吹动风轮机的叶轮转动（将风能转换为机械能），叶轮通过增速齿轮箱带动发电机旋转发电（将机械能转换为电能）。其能量转换的过程为：风能→机械能→电能。

（四）太阳能发电

太阳能发电是利用太阳光能或太阳热能生产电能。目前太阳能发电主要有光伏发电和光热发电两种方式。

光伏发电是将太阳光辐射能通过光伏效应直接转换为电能，其能量转换过程为：太阳能→电能。

光热发电是利用大规模阵列抛物或碟形镜面收集太阳热能，通过换热装置提供蒸汽，结合传统汽轮发电机将太阳光能转化为电能，其能量转换过程为：太阳能→热能→机械能→电能。

（五）核能发电

核能发电是利用反应堆内原子核裂变过程中释放出来的热能生产电能，简称核电。

核能发电的基本生产过程：反应堆中核燃料裂变所放出的热能产生蒸汽驱动汽轮机再带动发电机旋转发电。其能量转换的过程为：重核裂变核能→热能→机械能→电能。

（六）其他发电

（1）地热发电。地热发电是利用地下蒸汽或热水等地球内部资源生产电能，其发电原理与常规火电厂相似。

（2）海洋能发电。海洋能发电是利用海水各种运动所产生的能量发电，包括潮汐发电、波浪能发电、海洋温差能发电等。

1）潮汐发电。潮汐发电是利用海平面水位变化所产生的位能生产电能。潮汐发电与普通水力发电原理类似，通过储水库，在涨潮时将海水储存在水库内，以势能的形式保存，在落潮时放出海水，利用高、低潮位之间的落差，推动水轮机旋转，带动发电机发电。其能量转换过程为：水能→机械能→电能。

潮汐发电分为单库单向发电、单库双向发电、双库连续发电三种类型。

2）波浪能发电。波浪能发电是利用波浪引起水中压力变化产生的能源生产电能。波浪能发电是通过波浪能装置将波浪能转换为机械能（液压能），再转换为电能。其能量转换过程为：波浪能→机械能→电能。

3）海洋温差能发电。海洋温差能发电是利用深部海水与表面海水的温差产生的能源生产电能。其原理是利用海水的浅层与深层的温差及其温、冷不同热源，经过热交换器及涡轮机来发电。其能量转换过程为：热能→机械能→电能。

二、按调度方式分类

在国家电网有限公司统计报表和统计分析中，采用以下分类方式。

调度口径电厂：指县级及以上调度机构调度的电厂，包括国家电网公司调度、国家电网分中心调度、省电力公司调度、地市供电公司调度、县供电公司调度等五级调度机构调度的发电厂。

统一调度电厂：指由省级及以上调度机构统一调度的发电厂，简称统调电厂，包括国家电网公司调度、国家电网分中心调度和省电力公司调度的发电厂。

非统一调度电厂：指地市及以下调度机构调度和不属于电力调度机构调度的发电厂，包括由地市和县供电公司调度的发电厂、独立电网发电厂、并入电网但由企业调度的自备电厂等。

三、按服务对象分类

按服务对象不同，发电厂分为公用电厂和自备电厂。

公用电厂是指向国民经济各部门、各行业以及城乡居民提供电能的发电厂。除厂用电外，公用发电厂所发电量全部通过电网提供给用户。

自备电厂是相对公用电厂而言的，自备电厂所发电量主要用于满足本企业或事业单位的生产、建设及生活需要，在自给有余时向电网供电。

四、其他分类

（一）新能源发电

通常人们把技术上比较成熟，已被人类广泛利用，在生产和生活中起着重要作用的能源称为常规能源，如水能、煤炭、石油、天然气和核能等。将目前尚未被人类大规模利用，还有待进一步研究试验与开发利用的能源称为新能源，例如风能、太阳能、生物质能、地热能及海洋能等。

新能源发电就是利用新能源生产电能，包括风电、太阳能发电、生物质发电、地热发电、海洋能发电、储能发电及其他非水可再生能源发电。

（二）清洁能源发电

清洁能源发电是指在发电过程中不产生破坏大气环境的污染物，不排放温室气体的发电类型，包括水电、核电、风电、太阳能发电、地热能及海洋能发电等其他可再生能源。

（三）分布式发电

分布式发电指在用户所在场地或附近建设安装、运行方式以用户端自发自用为主、多余电量上网，且在配电网系统平衡调节为特征的发电设施或有电力输出的能量综合梯级利用多联供电设施。

《分布式电源并网要求》（GB/T 33593—2017）中明确了分布式电源的定义，是指接入 35kV 及以下电压等级电网，位于用户附近，在 35kV 及以下电压等级就地消纳为主的电源，包括同步发电机、异步发电机、变流器等类型电源。注：包括太阳能、天然气、生物质能、风能、水能、氢能、地热能、海洋能、资源综合利用发电（含煤矿瓦斯发电）和储能等类型。

（四）生物质发电

生物质发电是利用蕴藏在生物质中的能量发电，包括垃圾发电和农林生物质发电。垃圾发电分垃圾焚烧和垃圾填埋气发电。农林生物质发电是利用农林废弃物发电，分农林废弃物焚烧和农林废弃物气化发电。常见农林废弃物有秸秆，稻壳、玉米芯等植物壳芯。垃圾填埋气发电和农林废弃物气化发电也属于沼气发电。

第二节　发电厂生产设备

一、发电设备

发电机组是指将一次能源及其他形式的能源转化为电能的电力设备，由原动机和发电机组成。原动机有水轮机、汽轮机、燃气轮机、柴油机、风力机等。由水轮机带动发电机的称为水轮机组；由汽轮机带动发电机的称为汽轮发电机组；由风力机带动发电机的称为风电机组。

（一）锅炉

锅炉指利用燃料燃烧释放的热能或其他热能加热给水或其他工质，产生规定参数和品质的蒸汽、热水或其他工质的机械设备。用于发电的锅炉称电站锅炉，简称锅炉。锅炉、汽轮机和发电机合称为火力发电厂的三大主机。

锅炉设备由锅炉的汽水部分、燃烧部分、锅炉附件和锅炉辅机等组成。

（1）汽水部分（锅）：包括锅炉本体（水冷壁、汽包等）、过热器、再热器和省煤器、给水泵。

（2）燃烧部分（炉）：包括炉本体（炉膛和燃烧设备）、空气预热器。

（3）锅炉附件：包括水位计、安全门、吹灰器及防爆门。

（4）锅炉辅机：包括磨煤机、送风机、引风机、排粉机和除尘器等。

（二）汽轮机

汽轮机是指将蒸汽所携带的热能转变为机械能驱动发电机的原动机。

汽轮机设备包括汽轮机本体、调速系统、油系统及附属设备。

（1）汽轮机本体：由静体部分和转体部分组成。静体部分包括汽缸、隔板、喷嘴、汽封、轴承及支座等部件。转体部分包括转子、动叶片及连轴轮等部件。

（2）调速系统：作用是保持汽轮机在额定转速（一般为 3000r/min）下稳定运行。并网运行时，调整机组负荷与外界负荷相适应。调速系统一般使用离心式调速系统，危急保安器是汽轮机的重要保护装置。

（3）油系统：作用是供给汽轮机和发电机各处轴承的润滑油和调速系统用油，油系统包括主油泵、高压油泵、交流油泵、直流事故油泵、冷油器和油箱等。

（4）附属设备：包括凝汽设备（凝汽器、抽汽器、凝结水泵等）和回热系统设备（低压加热器、除氧器、高压加热器等）。

（三）燃气轮机

燃气轮机是利用气体或液体作燃料，在燃烧室内与压缩空气燃烧所产生的高温燃气在透平中膨胀做功带动转子旋转而产生机械能的一种原动机。

燃气轮机设备由压气机、燃烧室、燃气透平和辅助设备组成。

（四）内燃机

内燃机是利用液体或气体作燃料，直接在气缸内燃烧而产生机械能的一种原动机，如汽油机，柴油机，天然气、沼气和煤气内燃机等。

广义上的内燃机不仅包括往复活塞式内燃机、旋转活塞式内燃机和自由活塞式内燃机，也包括燃气轮机、喷气式发动机等，但通常所说的内燃机是指活塞式内燃机。活塞式内燃机以往复活塞式内燃机最为普遍。

往复活塞式内燃机的主要组成部分有曲柄连杆机构、机体和气缸盖、配气机构、供油系统、冷却系统、启动装置等。

内燃机又分为固定式和移动式两类，固定式用于发电厂，移动式用于汽车或列车。

（五）水轮机

水轮机是将水能转换为机械能的原动机。

（1）水轮机型式。水轮机按照水流作用原理和结构特点分为冲击式水轮机、反击式水轮机、可逆式水泵水轮机。

1）冲击式水轮机：仅利用水流的动能，又分为水斗式（又称切击式）、双击式、斜击式。

2）反击式水轮机：同时利用水流动能和势能，又分为混流式（也称辐向轴流式或法兰式）、轴流式（又分轴流定浆式简称定浆式）和轴流转浆式（简称轴流转浆式或卡普兰式）。斜流式又分为斜流转浆式和斜流定浆式。贯流式又分灯泡式、轴伸式（又分斜轴轴伸式和水平斜伸式）竖井式。

3）可逆式水泵水轮机：这种形式的水轮机用于抽水蓄能和潮汐电站，反击式水轮机在逆向旋转时能起水泵的作用，应用于抽水蓄能电站的可逆式水轮机，有混流式、轴流式和贯流式。

（2）水轮机水泵的主要参数。

1）水头：水轮机的设计水头，以“m”表示。

2）流量：设计规定每秒钟通过水轮机的流量，单位为“m^3/s”。

3）转速：水轮机转子每分钟的转速，单位为“r/min”。

4）动叶轮直径：水轮机转子的直径。

5）功率：水流在单位时间内所做的功，单位为“kW”。

（六）发电机

发电机是将其他形式的能量（如汽轮机、燃气轮机、内燃机、水轮机的机械能）转变为电能的设备。

（1）发电机的类型。

1）按电流类别分为交流发电机和直流发电机。

2）按相数分为单相发电机和三相发电机。

3）按冷却方式分为空气冷却、氢冷却和水冷却发电机。

4）按原动机类型不同分为汽轮发电机、水轮发电机等。

（2）发电机设备主要参数。

1）额定容量：发电机长期正常工作所允许的最大容量，即发电机的生产能力，单位：kW、MW 或万 kW。

2）额定电压：发电机长期正常运行允许承受的最高电压，即发电机静子线圈产生的额定电压，单位：kV。

3）额定电流：发电机定子允许长期连续通过的最大电流，单位：A。

4）频率：交流发电机交流电每秒钟变化的次数，单位：Hz。我国电力系统频率 50Hz。

5）功率因数：表示发电机有功功率输出的比率，一般为 0.8～0.85。

6）定子结线方式：定子线圈弧结线方式，有星形结线和三角形结线二种。

7）转数：发电机转子每分钟的回转次数，单位：r/min。

8）发电机与原动机联结方式：有直接联结（用联轴节联结）、皮带联接和变速联接。

（七）风力发电装置

风力发电装置主要由风力机、传动机构、发电机、桨距角控制系统、发电机控制系统以及支撑塔等组成。

（1）风力机。风力机将风能转化为旋转的机械能，风力机由转轮和叶片组成。

（2）传动机构。传动机构将风力机的机械能传至发电机，传动机构由轮毂、传动轴和齿轮箱组成。

（3）发电机。风力发电机采用普通的绕线式发电机。

（4）桨距角控制系统。桨距角控制系统通过控制风力机桨叶角度改变桨叶相对于风速的功角，从而改变风力机从风中捕获的风能。

（5）发电机控制系统。发电机控制系统由变压器、变频器及控制系统组成，作用是调节转子绕组外接电源电压增幅和相位，实现转速和无功功率控制。

（八）太阳能发电系统

（1）太阳能光伏发电系统。太阳能光伏发电技术是将太阳光辐射能通过光伏效应直接转变为电能的技术。太阳能光伏发电系统主要由太阳能电池、控制器和逆变器组成。

（2）太阳能光热发电系统。太阳能光热发电技术是将太阳光辐射能转换为热能，再通过发电装置将热能转变为电能的技术。太阳能光伏发电系统一般由太阳能聚光集热系统、蓄热系统、辅助能源系统、换热系统和汽轮发电机组组成。

（九）核电厂生产设备

核电厂主要由核岛和常规岛组成。核岛包括核蒸汽供应系统、核辅助系统和放射性废物处理系统，其主要功能是利用核裂变能生产蒸汽，相当于火电厂的锅炉，包括核反应堆、蒸汽发生器、稳压器、主冷却剂泵。常规岛是指核岛以外的部分，包括汽轮发电机组及其系统、电气设备和全厂公用设施，其作用与火电厂一致。

核岛主要设备包括以下 4 部分。

（1）核反应堆。核反应堆是以铀（或钚）作为燃料实现可控制的链式裂变反应的装置，核反应堆是核电机组的关键部件。

核反应堆由安全壳、堆内构件、堆芯、控制棒驱动构件组成。

1） 安全壳：用于容纳和支承堆芯和堆内构件、以及装设控制棒驱动机构的部件。它作为冷却剂的压力边界，是防止放射性物质向外释放的一道重要屏障。

2） 堆内构件：在安全壳内除燃料相关组件以外的所有其他结构件。反应堆的堆内构件使堆芯在安全壳内精确定位、对中及压紧，以防止堆芯部件在运行过程中发生过大的偏移，同时起到分隔流体的作用，使冷却剂在堆内按一定方向流动，有效带出热量。

3） 堆芯：原子核裂变反应区。

4） 控制棒驱动构件：带动控制棒组件在堆内上下移动的部件，以实现反应堆的启动、功率调节、停堆和事故情况下的安全控制。

核反应堆分为压水反应堆、沸水反应堆、高温气冷堆、快中子增值反应堆和重水反应堆等。目前技术上最成熟、使用最广泛的是压水堆，压水堆是以低浓缩铀为燃料，用轻水作冷却剂和慢化剂。

1） 压水反应堆。以普通水（轻水）为慢化剂和冷却剂的核动力反应堆。由于主冷却剂回路（一回路）的水温始终比运行压力下的饱和温度低大约 20℃，故可以利用液态的优良传热性能将堆芯中产生的大量裂变能量可靠地输出来。

2） 沸水反应堆。以沸腾轻水为慢化剂和冷却剂并在反应堆压力容器内直接产生饱和蒸汽的发电用核反应堆，简称沸水堆。沸水堆与压水堆同属轻水堆，都有结构紧凑、安全可靠、造价较低的优点，也都需要使用低富集度铀，且需停堆换料。

3）高温气冷堆。采用包覆颗粒燃料、用氦作冷却剂、用石墨作慢化剂和结构材料、冷却剂出口温度可达 750～950℃的核反应堆。它可分为使用棱柱状燃料组件的柱床型高温气冷堆和使用球状燃料组件的球床型高温气冷堆两大类。

4）快中子增值反应堆。主要由快中子引起裂变的核反应堆，简称快中子堆或快堆。它没有慢化剂，要用高富集度铀或钚作燃料，装料量比热中子堆多 30～40 倍。

5）重水反应堆。以重水作慢化剂，重水（或沸腾轻水）作冷却剂的核动力反应堆。用重水作反应堆慢化剂，对核燃料的浓缩要求可以降低，甚至可以直接采用天然铀作燃料。重水堆结构有压力容器式和压力管式两种。

（2）蒸汽发生器。蒸汽发生器是一种热交换设备，它将一回路中水的热量传给二回路中的水，使其变为蒸汽。

一回路由核反应堆、主冷却剂泵（又称主循环泵）、稳压器、蒸汽发生器和相应的管道、阀门及其他辅助设备所组成。高温高压的冷却水在主循环泵的推动下在一次回路系统中循环流动。当冷却水流经反应堆时，吸收核燃料裂变放出的热能，随后流入蒸汽发生器，将热量传递给蒸汽发生器管外侧的二回路给水，使给水变成蒸汽，冷却水自身受到冷却后流到主冷却剂泵入口，经主冷却剂泵提升压头后重新送至反应堆内。如此循环往复，构成一个密闭的循环回路。

二回路系统将蒸汽发生器中产生的蒸汽所具有的热能转化为电能，二回路设备及循环过程与普通火电厂相同。

（3）稳压器。稳压器用于稳定和调节一回路系统中冷却剂——水的工作压力，防止水在一回路主系统中汽化。

（4）主冷却剂泵。主冷却剂泵用于推动一回路中的冷却剂，使冷却剂水以很大的流量通过反应堆堆芯，把堆芯中产生的热量传送给蒸汽发生器。

（十）地热发电装置

利用地球内部蕴藏的热能进行发电的装置。根据地热能利用方式的不同进行分类，可分为干蒸汽背压式、干蒸汽凝汽式、湿蒸汽单级扩容式、湿蒸汽多级扩容式。

（十一）潮汐发电装置

利用海平面水位变化产生的动能和势能进行发电的装置。

二、供热设备

供热设备是热电厂用于向用户供应热源的设备的统称。主要供热设备包括减温减压器、供热加热器、供热管道、热网。

（1）减温减压器。将锅炉直供或由汽轮机抽汽参数（压力、温度）降低到用户要求蒸汽参数的设备。一般统计减温减压器的进出口蒸汽压力和温度。

（2）供热加热器。利用蒸汽对供热介质（水或蒸汽）进行加热的设备（如蒸发器、热水加热器）。一般统计加热用蒸汽的压力、温度，供热介质的额定流量（t/h）和加热器进出口供热介质的压力和温度。

（3）供热管道。向热力用户输送热水或蒸汽的管道，不包括回水管道。

供热管道的条数和长度只统计主管道和直供管道的条数和长度。长度从电厂侧流量孔板处至用户入口联箱或入口总截门。

（4）热网。集中供热条件下，用于输送和分配载热介质（蒸汽或热水）的管道系统。它与热源、热用户和有关热力设备共同组成热力系统。

第三节　发电厂生产能力

一、发电生产能力

发电生产能力，又称发电设备容量或发电装机容量，是指发电机组的综合平衡出力。它反映电厂的发电机在锅炉、汽（水）轮机、升压变电设备及主要辅助生产设备配合下，在燃料供应充足（水电站有一定的水量和水位）、设备运转正常的条件下，可能达到的最大发电功率（kW）。如果是既发电又供热的电厂，应同时计算供热生产能力。

（一）发电设备容量

发电设备容量是从设备的构造和经济运行条件考虑的最大长期生产能力，设备容量是由该设备的设计所决定的，并且标明在设备的铭牌上，亦称铭牌容量。计量单位为“千瓦（kW）”。计算时应注意以下问题。

（1）机组的设备容量是考虑组成机组的各个组件设备的配合情况后的综合生产能力，机组的容量应该以其最终产品生产能力来表示。

组成发电机组的原动机（水轮机、汽轮机等）和发电机的容量不一致时应以铭牌能力最小的设备作为该机组的容量。

（2）发电设备容量是指已经安装完毕并经试运行验收合格，正式投入生产的机组容量，包括正常运转和备用、检修、改造、故障以及封存的设备容量。

（3）发电设备容量以发电机组铭牌标定的容量为准。未经有关部门批准，不能变动。

（4）发电机组暂作调相运行时，电厂的发电设备容量不变。

（5）退役或报废的机组，从电力主管部门批准其退役或报废之日起不计算其容量。如果退役或报废机组转让给其他单位发电，则应由接受方从取得批准之日起计入该单位的发电设备容量。

（6）供应发电厂厂用电的发电机组容量，应包括在发电设备容量中。但励磁机、电动发电机以及变波机等设备的容量，均不计算在内。

（7）新建或扩建电厂，生产和基建计算新增生产能力的时间和容量必须一致。

基建新增的生产能力，要严格按照验收规程规定办理，由启动验收委员会确认已具备“验收条件”和达到“验收标准”同意试生产（交付使用）或交付生产（交付使用）并以启动验收委员会名义报告上级基建和统计部门，据此计算新增生产能力。

不同容量等级机组的连续运行小时数验收标准：

（1）火电 30 万 kW 及以上的机组，应连续完成 168h 满负荷运行。30 万 kW 以下的机组，应连续完成 72+24h 满负荷运行；

（2）水电机组应连续完成 72h 满负荷运行；

（3）调相机应连续运行 72h。

（二）期末发电设备容量

期末发电设备容量是指报告期（月、季、年）的最后一天 24 时，发电厂实际拥有的在役发电机组容量的总和。本期末的发电设备容量即为下一期初的发电设备容量。本指标为时点指标。

报告期末发电设备容量＝期初发电设备容量＋本期新增发电设备容量－本期减少发电设备容量

（三）发电设备平均容量

发电机组在报告期内按日历时间加权平均计算的容量。如在报告期内发电机组无增减变化时，则发电设备平均容量等于期末发电设备容量。若发电机组有新增或拆迁、退役时，则发电设备平均容量应按下述方法计算

$$\text{报告期发电设备平均容量}=\frac{\sum\left(\text{发电机组容量}\times\text{报告期内该机组构成本厂发电设备的小时数}\right)}{\text{报告期日历小时数}}$$

计算时可采用下列比较简便的方法：

$$\text{报告期发电设备平均容量}=\text{期初发电设备容量}+\text{本期新增发电设备平均容量}-\text{本期减少发电设备平均容量}$$

$$=\text{期初发电设备容量}+\frac{\sum\left(\text{报告期内新增发电设备容量}\times\text{新增设备容量自投产到报告期末的日历小时数}\right)}{\text{报告期日历小时}}-\frac{\sum\left(\text{报告期内减少发电设备容量}\times\text{该机组自报批准拆除或报废到报告期末的日历小时数}\right)}{\text{报告期日历小时}}$$

（四）发电设备平均利用小时

报告期内平均发电设备容量在满负荷运行条件下的运行小时数，是反映发电设备按铭牌容量计算的设备利用程度的指标。计算公式为

$$\text{发电设备平均利用小时（小时）}=\frac{\text{发电量（千瓦时）}-\text{试运行电量（千瓦时）}}{\text{发电设备平均容量（千瓦）}}$$

（五）发电设备平均利用率

发电设备平均利用率是反映发电设备利用程度的指标。计算公式为

$$\text{发电设备平均利用率（\%）}=\frac{\text{发电设备平均利用小时数（小时）}}{\text{报告期日历小时数（小时）}}$$

二、供热生产能力

（一）供热生产能力

热电厂供热设备在单位时间内供出的额定蒸汽或热水的数量，计量单位为“吨/小时”。热电厂供热设备有抽汽式汽轮机、背压式汽轮机、电站锅炉等。经过中间二次转换的，按二次转换设备容量计算。

（二）供热机组容量

热电厂中专门用于供热的抽汽式机组和背压式机组及其他供热机组的设备总量。计量单位为“千瓦”。

（三）期末供热设备容量

报告期末一日 24 时，发电厂全部锅炉（发电及供热用生产锅炉）的铭牌容量的总和。报告期期末容量，即为下一期的期初容量。

第四节　发电生产产品产量

发电生产产品产量是报告期内发电生产的直接有效的电能和热能产品的数量。

一、电能产品产量

（一）电厂发电量

1. 发电量

发电量是电厂在报告期内生产的电能量，简称“电量”。它是发电机组经过对一次能源或其他能源的加工转换而生产出的有功电能的数量，即发电机实际发出的有功功率（千瓦）与发电机实际运行时间的乘积。电量的基本计量单位为“千瓦小时”，简称“千瓦时（kWh）”，常用扩大计量单位有“兆瓦时（MWh）”“万千瓦时（万 kWh）”“亿千瓦时（亿 kWh）”。

发电量是根据发电机端的电能表来计量的。计算公式如下

某发电机组日发电量=（该机组发电机端电能表当日 24 点读数－该电能表上日 24 点读数）×该电能表倍率

$$全厂报告期发电量=\sum[(发电机组报告期末24点电能表读数-该电能表上期末24点电能表读数)\times 该电能表倍率]$$

计算发电量时应注意以下几点：

（1）发电厂的发电量应包括供应本厂厂用电的发电机组的发电量，但不包括励磁的发电量。

（2）新装发电机组或机组改进、大修后，试运转期间所发的电量，凡已被本厂或用户利用的，均应计入该厂的发电量中，未被利用的（如在水中放掉等），则不应计入。

（3）发电机组临时作调相机运行时，应注意电能表的装置情况，如仅用一只可逆转电能表时，必须将每次发电运行起止时的电能表计读数作好记录，以正确计算发电机组的发电量。

（4）发电机电能表计误差超出允许范围时，应根据相关电能检测结果及时进行调整。如当电能表计发生故障，应每小时（或更短的间隔时间）记录其电力表功率（千瓦）数，以此暂时估算其发电量（其他电量指标统计也是如此）。

2. 试运行发电量

试运行发电量是指发电机组第一次并网至正式投运时刻止的所有发电量。

根据水电发电厂投产验收标准，水电机组应连续完成 72h 满负荷运行。

根据火电发电厂投产验收标准，30 万 kW 以下火电机组应连续完成 72+24h 满负荷运行；30 万 kW 及以上火电机组应连续完成 168h 满负荷运行。

（二）电厂上网电量

1. 上网电量

电厂上网电量是该电厂在报告期内生产和购入的电能产品中用于输送（或销售）给电网的电量。即厂、网间协议确定的电厂并网点各计量关口电能表抄见电量之和。它是厂、网电费结算的依据。

$$电厂上网电量=\sum 电厂并网处关口计量点电能表抄见电量$$

2. 试运行上网电量

试运行上网电量是指发电机组第一次并网至正式投运时刻止的所有上网电量。

（三）自发自用电量

自发自用电量指的是自备电厂发电量中供应本企业使用的电量。

二、热能产品产量

（一）电厂供热量

热能产品是火力发电厂热电联产机组锅炉供出的蒸汽与热水。热能产品产量一般用供热量来表示。供热量是指火力发电厂热电联产机组供热锅炉对外出售蒸汽或热水的热量。电力生产统计一般只统计电厂的供热量。

电厂供热量是指火力发电机组在发电的同时，对外出售蒸汽或热水的总热量，基本计量单位为“焦耳（J）”，常用的扩大计量单位为“千焦耳（kJ）”和“吉焦耳（GJ）”。

供热量根据背压式机组、抽汽式机组、循环水供热及锅炉供出厂外的蒸汽或热水的含热量与返回冷凝水和补给软化水的含热量的差值计算。

计算公式；

（1）无返回冷凝水

$$供热量=对用户供汽供水的热量-补给软化水的热量$$

（2）有返回冷凝水

供热量＝供出的热量－返回冷凝水的热量－（对用户供汽供水的流量－供汽供水的回水流量）×补充水的天然温度

（3）如通过热交换器供热时，则对用户供汽供水的总供热量为

供热量＝直接供热供出的热量＋通过热交换器供出的热量/热交换器的效率

返回冷凝水的热量和补给软化水的热量用返回冷凝水量和软化水量分别与其温度的乘积求得。

（二）计算供热量时应注意的问题

（1）供热量根据热电厂或供热锅炉供热管道出口的流量表计算。对外供出的蒸汽流量应按流量孔板的设计参数修正。

（2）新装锅炉或锅炉进行改造、大修后，试运转期间对外供出的热量应计入供热量中。

（3）供热流量表超出允许的误差范围或出现故障时，应进行调整或根据其他相应表计推算其供热量。

（4）供热量应包括热电厂供本厂生活区的热量。

（5）在计算热效率指标时，应包括电厂自用热量部分。

第五节　发电厂能源消耗及技术经济指标

发电厂能源消耗指标反映电能和热能生产过程中对燃料和动力的消耗，主要指标有发电标准煤耗率、供电标准煤耗率、发电厂用电率、供热标准煤耗率、供热厂用电率等。

在发电（供热）生产过程中电厂发电（供热）厂用电量和消耗的燃料，不包括下列用电量及燃料耗用量（或用汽、热水折算的燃料量）：

（1）新设备或大修后设备的烘炉、煮炉、暖机、空载运行的电力和燃料的消耗量。

（2）新设备在未移交生产前的带负荷试运行期间，耗用的电量和燃料。

（3）计划大修以及基建、更改工程施工用的电力和燃料。

（4）发电机作调相运行时耗用的电力和燃料。

（5）自备机车、船舶等耗用的电力和燃料。

（6）升、降压变压器（不包括厂用电变压器）、变波机、调相机等消耗的电力。

（7）修配车间、车库、副业、综合利用、集体企业、外供及非生产用（食堂、宿舍、幼儿园、学校、医院、服务公司和办公室等）的电力和燃料。

发电技术经济指标是客观反映企业生产技术管理水平和经济效果的重要指标。主要有电（热）能质量指标、设备性能指标、效率指标、生产消耗指标、技术经济指标等。

一、火电厂燃料消耗量统计

（一）火电厂燃料消耗统计分类

火力发电厂生产电能和热能所耗用的燃料，有固体燃料、液体燃料和气体燃料。一般按下列标准进行分类：

按所消耗的燃料的自然属性划分，有煤炭、焦炭、天然气、煤气、燃料油、生物质等。

按燃料用途划分，可分为生产耗用燃料和辅助生产耗用燃料。

耗用燃料的种类不同，计量单位也不同，如煤炭、石油等按吨（t）计算，天然气、煤气等按立方米（m^3）计算。

（二）火电厂燃料消耗量统计原则

燃料消耗量指各需用单位在报告期内实际消耗的各种燃料数量。

燃料消耗量统计原则是：

（1）谁消费谁统计。燃料消耗量是按实际使用统计，而不是按所有权统计，因此，不论燃料的来源如何，凡在本厂生产实际消耗的燃料，均应统计在本单位的消耗量中。

（2）何时投入使用，何时计算消耗。电厂统计的燃料消耗量的时间界限，以投入生产第一道工序为准。

（3）一次性消耗，即以第一次投入使用计算消耗，对重复循环再使用的能源不能重复计算消耗量，如余热、余能的回收利用，不再计算在消耗量中。

（三）发电（供热）耗用原煤数量

发电（供热）耗用原煤量的计算比较复杂，有正平衡计算和反平衡计算两种。

（1）正平衡计算法：是利用原煤收、耗、存之间的平衡关系进行计算的，它是火力发电厂或热电厂计算耗用原煤数量的基本方法。分为日耗用量和月耗用量计算两种。

1）日耗用原煤量：通过计量装置，测算出当天发电（供热）耗用的原煤数量，减去应扣除的其他用煤量。有中间储仓的电厂，还应包括原煤仓，煤粉仓存煤期末期初的差额。

日发电耗用原煤量＝计量装置测得的入炉（入仓）原煤量±日末日初储煤差额

以日耗原煤量作依据计算的日发、供电标准煤耗率，能及时了解生产运行的消耗情况，不能反映企业管理方面的因素，如供方造成的亏吨、亏卡损失，保管不善的超额损耗和计量误差等。因此，不能用全月各日耗用原煤量之和作为全月耗用原煤的数量。

2）月发电耗用原煤量：通过月终盘存和收、耗之间的平衡关系计算全月耗用的原煤量

月发电耗用原煤量＝月初库存＋本月购入－月末库存－规定损失－非发电用(或拨出)

正确计算月耗用原煤的关键在于对煤场的存煤进行准确的月终盘存。要求将存煤堆成规定形状，丈量，计算体积，测量比重，计量出存煤量。煤斗及煤仓的存煤量差额也要计算，不能遗漏。“本月购入”，是指已进入电厂煤场的煤炭数量。“规定损失”，是按照主管部门对原煤运输和储存规定的损失率计算的损失量。

用月耗用原煤量作依据计算的发、供电标准煤耗率，既反映设备的技术水平也反映工人的操作水平，同时还反映企业管理水平。

热电厂耗用的原煤及其他燃料，按发电耗用和供热耗用分开计算（标准煤量的计算式也相同）

发电耗用原煤量＝发电、供热耗用原煤量－供热耗用原煤量

供热耗用煤量的计算的与“发电（供热）耗用标准煤量”中“供热耗用标准煤量”的计算方法相同。

（2）反平衡计算法：火力发电厂或热电厂如不具备用正平衡法计算日耗用原煤量及其他燃料数量的情况下，经主管部门批准，可暂用反平衡法计算日耗用的燃料数量。它是根据锅炉供出的蒸汽总重量和锅炉的热效率，先推算出耗用的标准煤数量，再推算出原煤数量。计算式为

$$\text{发电耗用标准煤量(kg)}=\sum\frac{\text{某台锅炉耗用燃料的总热量(kJ)}}{29\ 308\text{(kJ/kg)}}=\sum\frac{\text{某台锅炉供出的总热量(kJ)}}{\text{该锅炉热效率}\times 29\ 308\text{(kJ/kg)}}$$

则，$发电耗用原煤量(kg)=\sum\frac{发电耗用标准煤量(kg)\times 29\ 308(kJ/kg)}{原煤发热量(kJ/kg)}$

其中

$$\begin{aligned}\begin{matrix}锅炉供出\\的热量\end{matrix}=&\left(\begin{matrix}锅炉过热蒸汽\\总重量\end{matrix}-\begin{matrix}锅炉减温水\\总重量\end{matrix}\right)\times\left(\begin{matrix}锅炉出口过热\\蒸汽含热量\end{matrix}-\begin{matrix}锅炉给水\\含热量\end{matrix}\right)+\\&\begin{matrix}锅炉减温水\\总重量\end{matrix}\times\left(\begin{matrix}锅炉出口过热\\蒸汽含热量\end{matrix}-\begin{matrix}锅炉给水\\含热量\end{matrix}\right)+\begin{matrix}锅炉供的\\自用蒸汽重量\end{matrix}\times\\&\left(\begin{matrix}锅炉供的自用\\蒸汽含热量\end{matrix}-\begin{matrix}给水\\含热量\end{matrix}\right)\pm其他\left(\begin{matrix}锅炉摄入或供出的\\其他未计算的热量\end{matrix}\right)\end{aligned}$$

用反平衡法估算误差大，仅用于暂时计算日耗用的煤炭数量，全月耗用量仍须用正平衡法计算。

（四）燃料发热量

燃料经完全燃烧后发出的热量。发热量分为高位发热量和低位发热量。

（1）高位发热量是指燃料完全燃烧时放出的全部热量，包括燃料中的水分在水蒸气和燃料中的氢燃烧生成的水蒸气，凝结成水时放出的热量。燃料在燃烧中蒸汽的凝结热难以被利用，所以我国规定燃料的热值统一按低位发热量计算。

（2）低位发热量是指燃料经完全燃烧，但燃烧物中的水蒸气仍以汽态存在时的反应热，它不包括燃烧中生成的水蒸气放出的凝结热。

准确测定燃料的热值，是准确计算发电标准煤耗率和供电标准煤煤耗率的重要条件之一，要求检测部门按规定的时间和方法取样化验。

（五）发电（供热）耗用的标准煤量

发电（供热）耗用的标准煤量是指发电厂投入正式运行后，发电（供热）生产耗用的标准煤量。根据正平衡法计算的原煤、燃油等燃料的消耗量，乘以该种燃料实测低位发热量，除以每千克标准燃料发热量 29 308kJ 后算得。计算方法详见“标准煤量”。热电厂耗用的标准煤量，必须按发电用和供热用分开计算。

$$发电耗用标准煤量=发电、供热用标准煤量-供热耗用标准煤量$$

式中，“供热耗用标准煤量”的计算，根据不同的供热方式，采用不同的计算方法：

（1）由供热式汽轮机组供热：可将发电、供热耗用的标准煤总量，按照发电、供热消耗的热量比重划分计算。计算公式为

$$\begin{matrix}供热耗用\\标准煤量(t)\end{matrix}=\begin{matrix}发电、供热耗用\\标准煤总量(t)\end{matrix}\times\frac{供热量(百万千焦)}{发电供热总耗热量(百万千焦)}$$

供热耗用原煤及其他燃料的数量，也可按上述方法划分。

（2）由锅炉直接供热的计算公式为

$$供热耗用标准煤量(kg)=\sum\frac{锅炉供热量(kJ/kg)}{锅炉炉效率\times 29\ 308(kJ/kg)}$$

二、发电厂能源消耗指标

（一）发电厂用电率

发电厂用电率是指发电厂投入正式运行后，发电厂用电量与发电量的比率。

$$发电厂用电率(\%)=\frac{发电厂用电量（不含试运行）}{发电量（不含试运行）}\times 100\%$$

发电厂用电量是指发电厂投入正式运行后，在生产过程中消耗的电量，包括动力、照明、通风、取暖及经常维修等用电量，以及他励磁用电量、设备属电厂资产并由电厂负责其运行和检修的厂外输油管道系统、循环管道系统和除灰管道系统等的用电量。既要包括本厂自发的用作生产耗用电量外，还包括购电量中用作发电厂厂用电的电量。不能计入电厂发电厂用电量的内容规定见前述内容。

（二）供热厂用电率

供热厂用电率是指热电厂投入正式运行后，供热厂用电量与供热量的比率。

$$供热厂用电率(kWh/GJ)=\frac{供热厂用电量(kWh)}{供热量(GJ)}$$

供热厂用电量是指热电厂投入正式运行后，对外供热生产过程中所耗用的厂用电量。

热电厂的厂用电率要分别计算发电厂用电率和供热厂用电率。为此，必须将热电厂的全部厂用电量划分为发电耗用和供热耗用两部分。首先，计算出各自的直接用电量，然后将发电、供热共享的电量，按照发电和供热消耗的热量比进行分摊，计算出供热与发电所用的厂用电量。

$$\begin{aligned}\begin{matrix}供热厂\\用电量\end{matrix}&=\begin{matrix}纯供热用\\厂用电量\end{matrix}+\begin{matrix}发电供热\\共用电量\end{matrix}\times\frac{供热量}{发电、供热总耗热量}\\&=\begin{matrix}纯供热用\\厂用电量\end{matrix}+\left(\begin{matrix}全部厂\\用电量\end{matrix}-\begin{matrix}纯发电用\\厂用电量\end{matrix}-\begin{matrix}纯供热用\\厂用电量\end{matrix}\right)\times\frac{供热量}{发电、供热总耗热量}\\&=全部厂用电量-发电厂用电量\end{aligned}$$

$$\text{发电厂用电量}=\text{纯发电用厂用电量}+\text{发电、供热共用厂用电量}\times\frac{\text{发电耗热量}}{\text{发电、供热总耗热量}}$$

$$=\text{纯发电用厂用电量}+\left(\text{全部厂用电量}-\text{纯发电用厂用电量}-\text{纯供热用厂用电量}\right)\times\frac{\text{发电耗热量}}{\text{发电、供热总耗热量}}$$

$$\text{发电、供热总耗热量}=\text{各汽轮机进汽的含热量}-\text{锅炉给水总含热量}+\text{自锅炉至减压减温器及直接对用户的供热量}$$

$$=\sum(\text{燃料量}\times\text{低位发热量})$$

式中：

纯发电用厂用电量：指循环水泵、凝结水泵和他励磁用电量等；

纯供热用厂用电量：指热网水泵、供热蒸发站等的用电量。

（三）综合厂用电率

综合厂用电率是发电厂投入正式运行后，综合厂用电量与发电量的比值。

$$\text{综合厂用率}(\%)=\frac{\text{综合厂用电量（不含试运行）}}{\text{发电量（不含试运行）}}\times 100\%$$

综合厂用电量是发电厂投入正式运行后的生产过程中，发电厂内部消耗的全部电量，包括发电厂用电量、供热厂用电量、发电厂内部母线和变压器损耗等。对于公用电厂，综合厂用电量等于发电量与购网电量之和与上网电量的差值；对于企业自备电厂，还应减去自发自用电量。

综合厂用电量=发电量+购网电量−上网电量−企业自备电厂自发自用电量

（四）发电标准煤耗率

发电标准煤耗率是指火力发电厂投入正式运行后，每发一千瓦时电能平均耗用的标准煤量。

$$\text{发电标准煤耗率}(g/kWh)=\frac{\text{发电标准煤量}(g)}{\text{发电量}(kWh)}$$

（五）供电标准煤耗率

供电标准煤耗率是指火力发电厂投入正式运行后，每供出一千瓦时电能平均耗用的标准煤量。它是综合计算了发电煤耗及厂电用率水平的消耗指标。因此，供电标准煤耗综合反映火电厂生产单位产品的能源消耗水平。

$$\text{供电标准煤耗率}(g/kWh)=\frac{\text{发电标准煤量}(g)}{\text{厂供电量}(kWh)}$$

$$=\frac{\text{发电标准煤耗率}(g/kWh)}{1-\text{发电厂用电率}(\%)}$$

厂供电量是发电厂的最终产品，是指发电量扣除厂用电量后对外供出的电量。

$$厂供电量=发电量-发电厂用电量$$

（六）供热标准煤耗率

供热标准煤耗率是指热电厂投入正式运行后，每供出一吉焦热量平均耗用的标准煤量。

$$供热标准煤耗(kg/GJ)=\frac{供热标准煤量(kg)}{供热量(GJ)}$$

$$供热标准煤耗量(kg)=发电供热标准煤总耗用量(kg)\times\frac{供热量(GJ)}{发电供热总耗热量(GJ)}$$

$$锅炉直供的供热标准煤量(kg)=\frac{供热量(kJ)}{29\ 308(kJ/kg)\times锅炉效率}$$

三、火电厂技术经济指标

热电比是指热电厂投入正式运行后，供热量与供电量的比值，是热电厂审核认定的重要指标。

$$\begin{aligned}热电比(\%)&=\frac{供热量(kJ)}{供电量(kWh)\times3600(kJ/kWh)}\times100\%\\&=\frac{供热量(GJ)}{供电量(万\ kWh)\times36(GJ/万\ kWh)}\times100\%\end{aligned}$$

式中：供电量是热电厂发电量中除发电和供热厂用电量外对外供出的电量。

$$供电量=发电量-发电厂用电量-供热厂用电量$$

四、水电厂技术经济指标

（一）水电厂技术经济指标

（1）正常高水位：也称正常蓄水位、设计蓄水位或最高水利水位。它是指能满足兴利要求允许充蓄并能保持的最高水位。正常高水位与死水位之间的水层深度称为水库消落深度或工作深度。计量单位：米。

（2）期初水库水位：指报告期（月、季、年）第一天水库的实际水位。

（3）期末水库水位：指报告期（月、季、年）最后一天水库的实际水位。

（4）期初库存水量：指报告期（月、季、年）第一天水库的实际蓄水量。计量单位：万立方米。

（5）期末水库水量：指报告期（月、季、年）最后一天水库的实际蓄水量。

（6）降雨量：从天空降落到地面上的雨水，未经蒸发、渗透、流失而在水面上积聚的水层深度，称为降雨量（以毫米为单位），它可以直观地表示降雨的多少。计量单位：毫米。

（7）平均水位：一定时期内在某一观测点的水位的平均值。有年、月、日平均水位。

（8）死水位：反映满足兴利要求在正常运用的情况下，水库调节允许消落的最低水位。死水位以下的水库容积叫作死库容。死库容是为满足其他综合利用和考虑水库的淤积而留下的。

（9）有效库容：是指正常高水位与死水位之间的水库容积即称有效库容（也称兴利库容或调节库容）。

（10）防洪水位：是指水库承担下游防洪任务，在调节下游防护对象的防洪标准洪水时，坝前达到的最高水位。

（11）设计洪水位：是指遇大坝设计标准洪水时，水库在坝前达到的最高水位。

（12）校核洪水位：是指遇到大坝校核标准洪水时，水库在坝前达到的最高水位，又称非常洪水位。它是水库设计中预计可能出现的最高水位。校核洪水位与防洪限制水位之间的水库容积称为调洪库容。

（13）防洪限制水位：是指汛期防洪要求限制水库兴利允许蓄水的上限水位，也是设计条件下的水库防洪起调水位即汛前水位。

（14）水头：水库上游水位与下游尾水位之差称水头。水头越大，发电耗水率越小。

（15）总库容：是指校核洪水位以下的全部水库容积，即水库的总库容。

（16）发电用水量：是指在一定时期内通过水轮机的发电水流总量。

（17）发电耗水率：是指水力发电站每发一千瓦小时电能所耗用的水量，是表征发电机效率的重要参数

$$\text{发电耗水率}(\mathrm{m^3/kWh})=\frac{\text{发电用水量}}{\text{发电量}}$$

（18）水量利用率：是指水库年利用水量与年来水量的比率，它是用来反映水库来水的利用程度

$$\text{水量利用率}(\%)=\left(1-\frac{\text{水库弃水量}}{\text{水库来水量}}\right)\times 100\%$$

当水库没有弃水时，水量利用率为百分之百。

（19）设计保证率：水利工程规划设计时所采用的用水保证率称为设计保证率。保证率是用来衡量可靠程度的一个指标。水电站正常工作的保证率，是指在多年的工作期间、正常用水得到保证的程度

$$年保证率(\%)=\frac{正常工作年数}{长期工作总年数}\times 100\%$$

（20）保证出力：水电站的保证出力是指符合保证率要求的平均出力。年调节水电站的保证出力是指符合设计保证率要求的那一个供水期平均出力。与保证出力相应的供水期发电量即是保证电量。

（二）水电厂调节性能

（1）无调节水电厂：水电厂没有水库，不能对径流进行调节，只能直接引用河中径流发电，所以又称为径流式水电厂。径流式水库，只能按来水流量发电，多余来水不能储存，只能弃掉。

（2）有调节水电厂：它借助于水库，能在某种限度内对径流进行调节，把超过发电所需的多余来水蓄入水库，供来水不足时使用。有调节水电厂又称为蓄水式水电厂。

按照水库调节径流时间的周期长短，水电厂水库可分为短期调节水库、年调节水库和多年调节水库。

1）短期调节水库：是指日调节、周调节、季调节等几种小型水库。周调节水库有较小库容，可在一周内进行水量调节。

2）年调节水库：是指水库将天然径流在一年内重新分配，以满足发电和用水要求，水库蓄满放空各一次，调节周期为一年。

3）多年调节水库：多年调节水库的水库容积足够大，能将丰水年多余水量贮存起来，供枯水年份利用。调节周期为多年。以相对加库容系数（β）来区分水库的调节性能。有效库容（亿 m^3）除以水库流域内年平均径流量（亿 m^3），即为相对库容系数 β。当 2%～3%＜β＜25%时为不完全年调节水库；β 介于 25%～30%为完全年调节水库；β 大于 30%～50%为不完全多年调节水库。

五、抽水蓄能电厂技术经济指标

抽水蓄能电站指标主要有发电设备容量、发电设备平均容量、发电设备出力、发电量、发电设备平均利用小时、发电最高负荷、综合厂用电量和发电厂用电量、发电厂用电率、抽水蓄能抽水耗用电量。除抽水蓄能抽水耗用电量外，其他指标统

计同常规水电站。

（一）抽水蓄能抽水耗用电量

抽水蓄能抽水耗用电量是指蓄能机组抽水工况下作水泵运行时的用电量，它是由蓄能电站从供电企业（或电网）购入的用作电力生产投入的电量，一般以电站主变（或线路）的受关口表计量。

鉴于蓄能机组在抽水蓄能时耗用的电量较大，因此，其抽水耗用电量不能算作蓄能电站的厂用电量，而应作为蓄能电站的原（燃）料投入指标进行统计，该指标在蓄能电站统计为发电企业生产耗用电量，在电网统计为供电企业的售电量。

由于抽水蓄能电站的水库同常规水电站的水库有很大的区别，且上下水库的存水量经常发生变化。指标只设立上下水库的设计水位和设计库容。

（二）抽水启动次数

抽水启动次数是指一台设备抽水方向启动的次数。启动程序重复若干次而未进行任何消除缺陷的检修时，按一次启动计。

（三）抽水启动不成功次数

抽水启动不成功次数是指在给定时间区间内，未能按有关规程规定将一台设备从停运状态转为抽水方向运行状态的次数。在给定时间区间内，未能按有关规程规定将一台设备从停运状态转为抽水方向运行状态，无论是否进行消除缺陷的检修，均按一次抽水启动不成功计，但不计非计划停运。如需进行消除缺陷的检修时，应立即申请进入计划检修状态

$$抽水启动成率(\%)=\frac{抽水启动次数-抽水启动不成功次数}{抽水启动次数}\times100\%$$

对于火电、常规水电由于机组启动次数较少，且无机组启动次数和启动成功率等可靠性指标，因此启动失败应计入第一类非计划停运。但对抽水蓄能机组，启动次数很多，且主要关注启动次数和启动成功率，因此为避免重复计算，启动失败或启动不成功不计入第一类非计划停运。

（四）抽水综合效率

抽水综合效率是指在一个循环运行过程中，发电工况下输水系统、水轮机、发电机和主变工作效率的乘积与抽水工况下主变压器、电动机、水泵和输水系统工作效率乘积的比值。对于已经运行的抽水蓄能电站、常用发电量与抽水蓄能抽水耗用电量比值来表示

$$综合效率(\%)=\frac{发电量}{抽水蓄能抽水耗用电量}\times 100\%$$

六、风电厂技术经济指标

（一）自然特性指标

本类指标用以反映风电场在统计周期内的实际自然资源状况。采用平均风速、平均温度、平均空气密度、平均风功率密度、有效风速小时数五个指标加以综合表征。

（1）平均风速：是指统计周期内风机轮毂高度处瞬时风速的平均值。取统计周期内全场风机或场内代表性测风塔的风速平均值，即

$$\bar{V}=\frac{1}{n}\sum_{i=1}^{n}\bar{V}_i$$

式中　$\bar{V}$ ——统计周期内的风电场平均风速，m/s；

n ——统计周期内的全场风机的台数或代表性测风塔的个数；

$\bar{V}_i$ ——统计周期内的单台风机或单个代表性测风塔的平均风速，m/s。

（2）平均温度：是指统计周期内风机轮毂高度处环境温度的平均值，即

$$\bar{T}=\frac{1}{n}\sum_{i=1}^{n}T_i$$

式中　$\bar{T}$ ——统计周期内的风电场平均温度，℃；

n——统计周期内的记录次数；

T_i ——统计周期内的第 i 次记录的温度值，℃。

（3）平均空气密度：是指统计周期内风电场所处区域空气密度的平均值，即

$$\rho=\frac{P}{R\bar{T}}$$

式中　ρ ——统计周期内的风电场平均空气密度，kg/m^3；

P——统计周期内的风电场平均大气压强，Pa；

R——气体常数，取 287J/kg • K；

$\bar{T}$ ——统计周期内的风电场开氏温标平均绝对温度，K。

（4）平均风功率密度：是指统计周期内风机轮毂高度处风能在单位面积上所产生的平均功率，即

$$D_{wp}=\frac{1}{2n}\sum_{i=1}^{n}(\rho)(\bar{V}_i^3)$$

式中 D_{wp}——统计周期内的风电场平均风功率密度，W/m²；

n——统计周期内的记录次数；

ρ——统计周期内的风电场平均空气密度，kg/m³；

$\bar{V}_i^3$——统计周期内的第 i 次记录平均风速值的立方。

（5）有效风速小时数：是指统计周期内风机轮毂高度处介于切入风速与切出风速之间的风速累计小时数，简称有效风时数，即

$$T_{有效风时数}=\sum_{V_i=V_0}^{V_n}T_{V_i}$$

式中 $T_{有效风时数}$——统计周期内的风电场有效风时数，h；

V_0——风机的切入风速，m/s；

V_n——风机的切出风速，m/s；

T_{V_i}——统计周期内出现介于切入风速（V_0）和切出风速（V_n）之间的风速小时数，h。

（二）风能利用提高率

风能利用提高率是指统计周期内风机实际功率曲线与其标准功率曲线的提高百分比，反映风电场在运行、维护能力方面的指标

$$\eta_{风能利用提高率}=\frac{\sum_{V_i=V_0}^{V_n}P_{(实际)V_i}-\sum_{V_i=V_0}^{V_n}P_{(标准)V_i}}{\sum_{V_i=V_0}^{V_n}P_{(标准)V_i}}\times100\%$$

式中 $\eta_{风能利用提高率}$——统计周期内的风电场风能利用提高率；

V_0——风机的切入风速，m/s；

V_n——风机的切出风速，m/s；

$P_{(实际)V_i}$——有效风速（V_i）对应的机组实际出力，kW；

$P_{(标准)V_i}$——有效风速（V_i）对应的机组理想出力，kW。

第六节　发电统计月报填报

发电统计月报是指在规划计划信息管理平台中的《电力生产明细表》，报表所反映的内容为各类型（包括公用、自备）和各种能源类型（包括火电、风电、光伏、生物质）电厂发电量、上网电量、燃料用量等反映发电情况的数据。

数据来源：各电厂报送的《发电厂生产情况表》，该报表有统一的填报模板，须注明统计时段，由报表报送人和电厂负责人签字，加盖电厂公章后方有效。

发电月报的填报流程如图 2–1 所示。

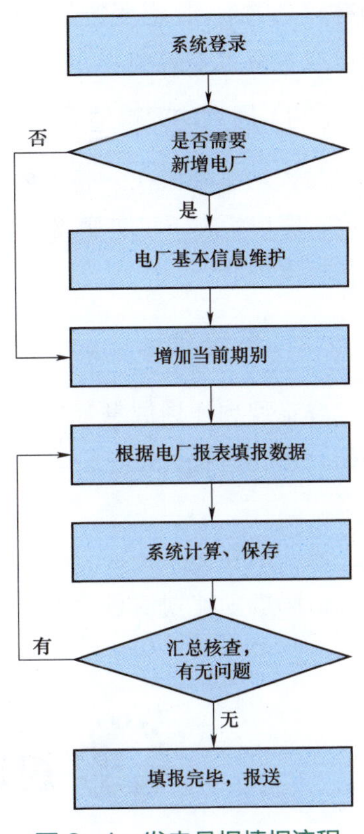

图 2–1　发电月报填报流程

一、统计口径

本区域（企业）范围内全部电厂及光伏、多联供等分布式电源。

（一）辐射量

一般来说，到达地面的太阳辐射量主要受太阳高度角、地理纬度、大气透明度、日照时数计海拔高度等因素的影响。

（二）太阳能光伏组件特性

在太阳能发电系统中，系统的总效率 η_{ese} 由电池组件的 PV 转换率、控制器效率、蓄电池效率、逆变器效率及负载的效率等组成。提高电池组件的转换率，降低单位功率造价是太阳能发电产业化的重点和难点。太阳能电池问世以来，晶体硅作为主角材料保持着统治地位。对硅电池转换率的研究，主要围绕着加大吸能面减小反射（如双面电池）、运用吸杂技术减少半导体材料的复合、电池超薄型化等方面开展。各种太阳能电池 η_{max} 见表 2–1。

表 2–1　　各种太阳能电池 η_{max}

电池材料种类	转换效率 η_{max}（%）	电池材料种类	转换效率 η_{max}（%）
单晶硅	24.4	碲化镉	16.0
多晶硅	16.6	a–si（单结）	13
铜铟镓硒	18.8	铜铟硒	14.1
GaAs（单结）	25.7		

（三）逆变器整机效率

大功率的逆变器在满载时，效率必须在 90%以上。特别是在低负荷下供电时，须有较高的效率，逆变器效率的高低对太阳能光伏发电系统提高有效发电量和降低发电成本有重要影响。

（四）最大功率峰值

最大功率峰值在一整天内是不同的，主要由于环境的作用，如太阳光的辐射和温度。理想状态下，逆变器应工作在太阳能光伏阵列的最大功率峰值上。及技术经济指标等内容。

二、系统登录

登录规划计划信息管理平台，用 IE 浏览器打开，平台地址：http://10.1.142.251/PowerInfo/bsp/jsp/login.jsp，市、县公司使用同一个账号进行填报，登录界面如图 2–2 所示。

输入账号 zjjxhn_sctj_zg（该账号以浙江嘉兴某县公司为例），密码××××××和验证码规划计划信息管理平台，该密码系统会提示定期更改。

图 2–2 全口径平台登录界面

三、《电力生产情况明细表》

（一）电厂信息维护

当新增电厂、电厂退役或者已有电厂信息需要更新时，可在“信息维护”选项卡对相关信息进行维护。

操作步骤：

（1）进入规划计划信息管理平台，依次点击“信息维护”→“电力生产单位信息”选项卡，如图 2-3 所示。

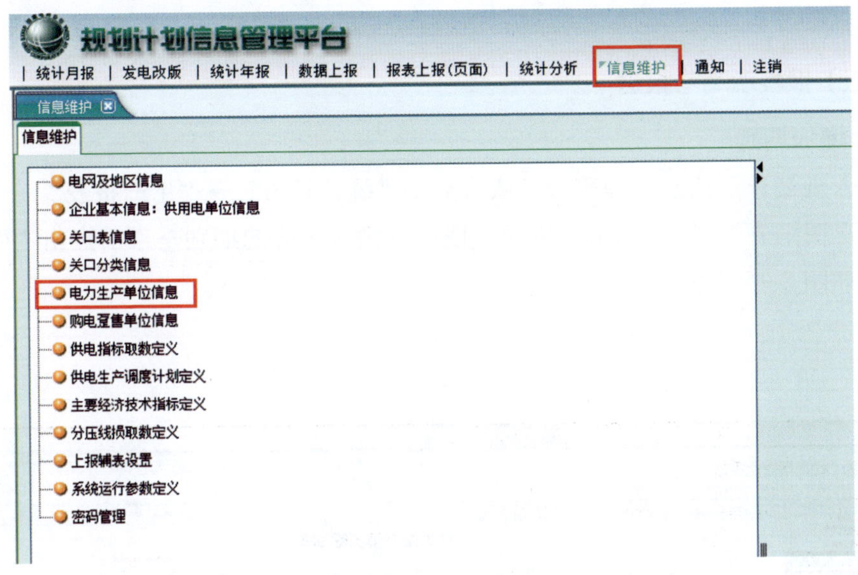

图 2-3　电厂信息维护

（2）点击“增加”按钮，在表格最下方会出现一条新增的空白信息，将对应的电厂信息，填写完毕后点击“保存”按钮，即可完成新增电厂的维护。如同 2-4 所示。

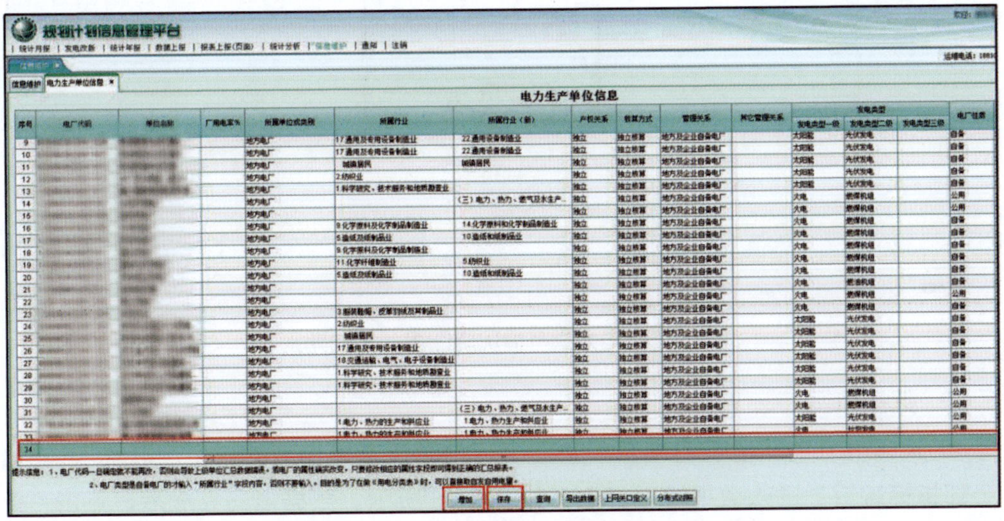

图 2-4　新增电厂明细维护

注意：

（1）电厂代码生成后禁止再次更改，其余指标可以更改；

（2）电厂的所属行业分类要根据实际情况选择，按照业主单位性质选择电厂类型。

（二）报表填写与报送

1. 增加期别

进入规划计划信息管理平台，依次点击“统计月报”→“生产报表”→“电力生产情况明细表”，然后点击“增加”按钮→输入对应的期别→最后点击“确认”按钮，如图 2-5 所示。

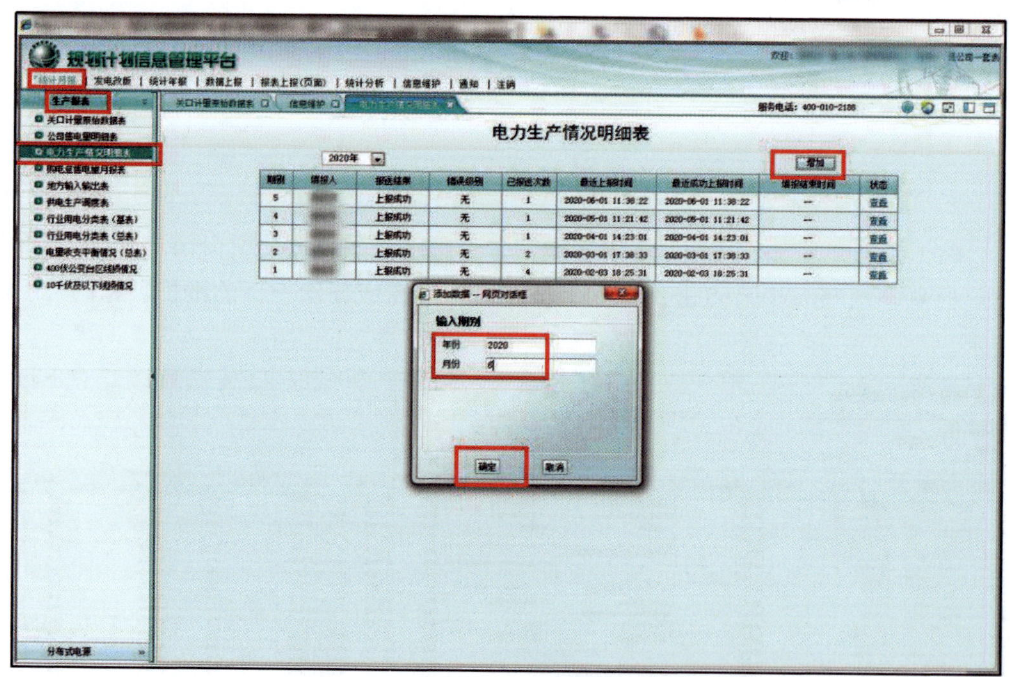

图 2-5　电力生产情况明细表：增加期别

2. 数据填写

进入《电力生产情况明细表》数据填写页面，选择相应的“电厂名称”，点击“全部指标编辑”进入数据编辑界面，如图 2-6 所示。数据填写完成后，点击“计算”“保存”后，点击“电厂名称”选择下一个电厂，继续填写。也可以通过“数据导入模板”完成数据填写。

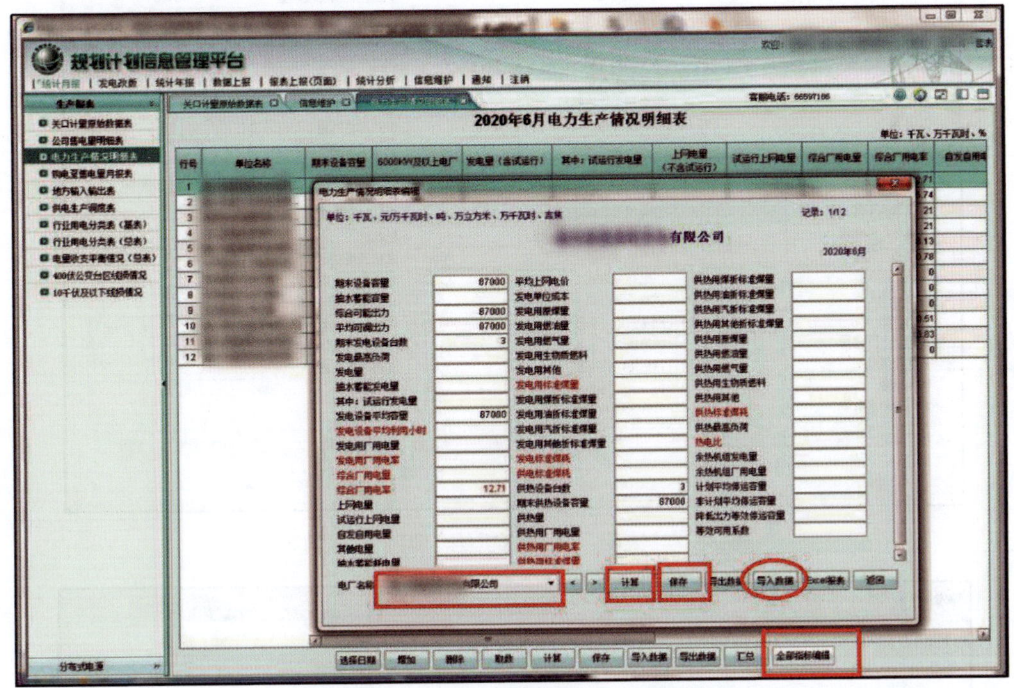

图 2-6　电力生产情况明细表：数据填写

注意：

（1）根据电厂类型不同，所填写的明细数据也不尽相同，因此填写数据以电厂提供的报表为准。火电厂（燃煤机组）、光伏电站、分布式光伏、生物质电厂、自备电厂所需填写数据依次如图 2-7～图 2-12 所示。其中，分布式光伏按照商用光伏打捆 A、商用光伏打捆 B、光伏打捆家庭三个小类分别上报。

（2）红色字段的数据，点击“计算”后由平台自动计算得出，无需手动填写，计算结果可和电厂原始报表进行核对校验。

（3）在数据编写页面点击“Excel 报表”，可以汇总导出电力生产情况 Excel 报表，包含《电力生产情况综合表》《发电燃料消耗情况表》《发电生产用电情况表》《供热生产情况综合表》。

（4）历史数据上报完成后，禁止再次修改后强制保存。

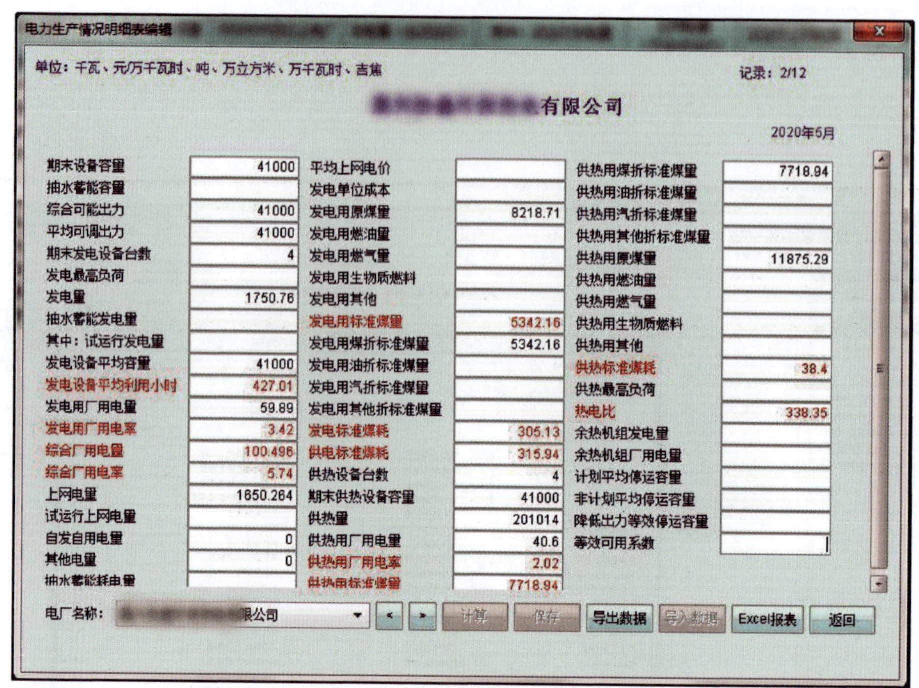

图 2-7　火电厂（燃煤机组）明细数据填写

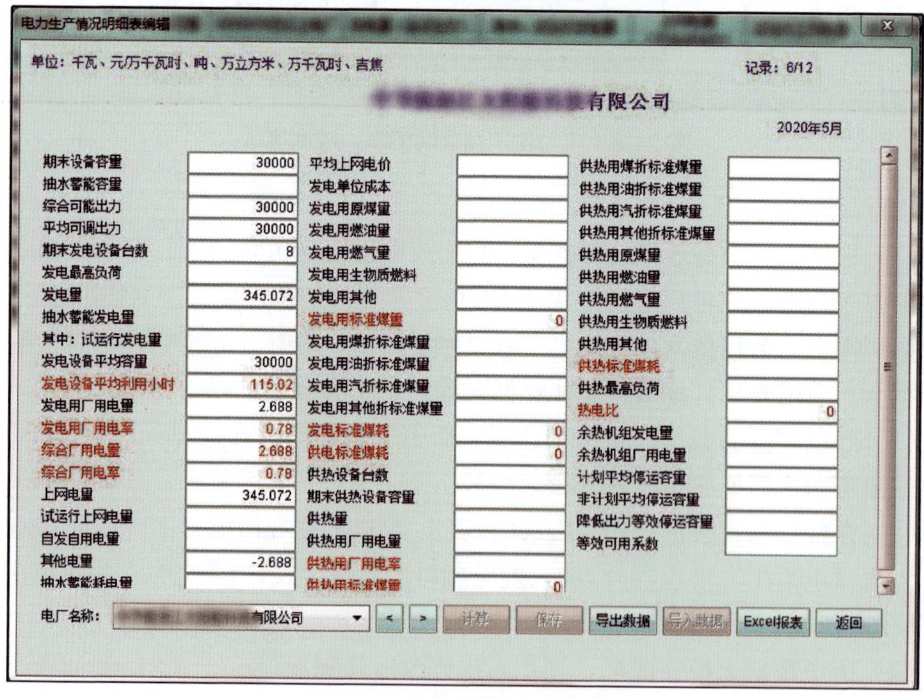

图 2-8　光伏电站明细数据填写

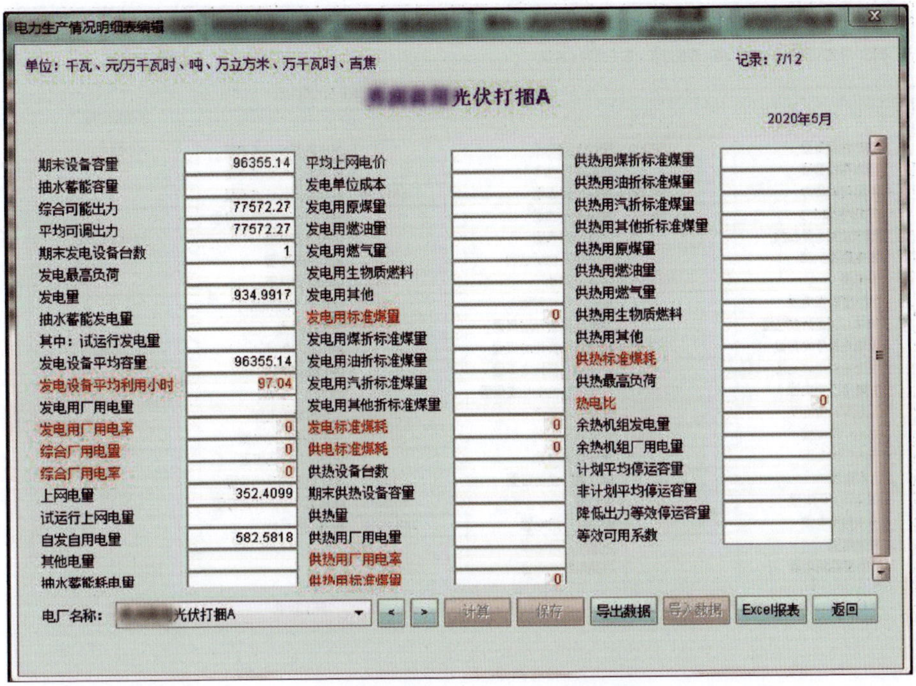

电力生产情况明细表编辑

单位：千瓦、元/万千瓦时、吨、万立方米、万千瓦时、吉焦　　记录：7/12

光伏打捆A

2020年5月

项目	数值	项目	数值	项目	数值
期末设备容量	96355.14	平均上网电价		供热用煤折标准煤量	
抽水蓄能容量		发电单位成本		供热用油折标准煤量	
综合可能出力	77572.27	发电用原煤量		供热用汽折标准煤量	
平均可调出力	77572.27	发电用燃油量		供热用其他折标准煤量	
期末发电设备台数	1	发电用燃气量		供热用原煤量	
发电最高负荷		发电用生物质燃料		供热用燃油量	
发电量	934.9917	发电用其他		供热用燃气量	
抽水蓄能发电量		发电用标准煤量	0	供热用生物质燃料	
其中：试运行发电量		发电用煤折标准煤量		供热用其他	
发电设备平均容量	96355.14	发电用油折标准煤量		供热标准煤耗	
发电设备平均利用小时	97.04	发电用汽折标准煤量		供热最高负荷	
发电用厂用电量		发电用其他折标准煤量		热电比	0
发电用厂用电率	0	发电标准煤耗	0	余热机组发电量	
综合厂用电量	0	供电标准煤耗	0	余热机组厂用电量	
综合厂用电率	0	供热设备台数		计划平均停运容量	
上网电量	352.4099	期末供热设备容量		非计划平均停运容量	
试运行上网电量		供热量		降低出力等效停运容量	
自发自用电量	582.5818	供热用厂用电量		等效可用系数	
其他电量		供热用厂用电率			
抽水蓄能耗电量		供热用标准煤量	0		

电厂名称：光伏打捆A　< >　计算　保存　导出数据　导入数据　Excel报表　返回

图 2-9　分布式光伏明细数据填写

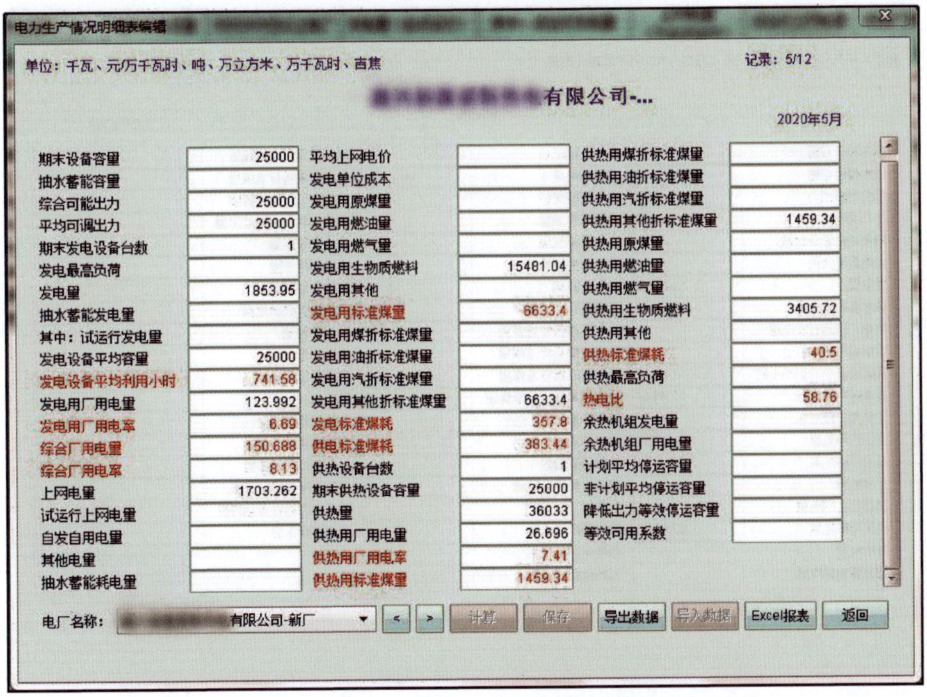

电力生产情况明细表编辑

单位：千瓦、元/万千瓦时、吨、万立方米、万千瓦时、吉焦　　记录：5/12

有限公司-...

2020年5月

项目	数值	项目	数值	项目	数值
期末设备容量	25000	平均上网电价		供热用煤折标准煤量	
抽水蓄能容量		发电单位成本		供热用油折标准煤量	
综合可能出力	25000	发电用原煤量		供热用汽折标准煤量	
平均可调出力	25000	发电用燃油量		供热用其他折标准煤量	1459.34
期末发电设备台数	1	发电用燃气量		供热用原煤量	
发电最高负荷		发电用生物质燃料	15481.04	供热用燃油量	
发电量	1853.95	发电用其他		供热用燃气量	
抽水蓄能发电量		发电用标准煤量	6633.4	供热用生物质燃料	3405.72
其中：试运行发电量		发电用煤折标准煤量		供热用其他	
发电设备平均容量	25000	发电用油折标准煤量		供热标准煤耗	40.5
发电设备平均利用小时	741.58	发电用汽折标准煤量		供热最高负荷	
发电用厂用电量	123.992	发电用其他折标准煤量	6633.4	热电比	58.76
发电用厂用电率	6.69	发电标准煤耗	357.8	余热机组发电量	
综合厂用电量	150.688	供电标准煤耗	383.44	余热机组厂用电量	
综合厂用电率	8.13	供热设备台数	1	计划平均停运容量	
上网电量	1703.262	期末供热设备容量	25000	非计划平均停运容量	
试运行上网电量		供热量	36033	降低出力等效停运容量	
自发自用电量		供热用厂用电量	26.696	等效可用系数	
其他电量		供热用厂用电率	7.41		
抽水蓄能耗电量		供热用标准煤量	1459.34		

电厂名称：有限公司-新厂　< >　计算　保存　导出数据　导入数据　Excel报表　返回

图 2-10　生物质电厂明细数据填写

电力生产情况明细表编辑

单位：千瓦、元/万千瓦时、吨、万立方米、万千瓦时、吉焦　　记录：11/12

有限公司-...

2020年5月

项目	数值	项目	数值	项目	数值
期末设备容量	50000	平均上网电价		供热用煤折标准煤量	20058.32
抽水蓄能容量		发电单位成本		供热用油折标准煤量	
综合可能出力	50000	发电用原煤量	6612.96	供热用汽折标准煤量	
平均可调出力	50000	发电用燃油量		供热用其他折标准煤量	
期末发电设备台数	1	发电用燃气量		供热用原煤量	27542.52
发电最高负荷		发电用生物质燃料		供热用燃油量	
发电量	2687.87	发电用其他	72650	供热用燃气量	
抽水蓄能发电量		发电用标准煤量	5819	供热用生物质燃料	
其中：试运行发电量		发电用煤折标准煤量	4816	供热用其他	
发电设备平均容量	50000	发电用油折标准煤量		供热标准煤耗	38.92
发电设备平均利用小时	537.57	发电用汽折标准煤量		供热最高负荷	
发电用厂用电量	83.5761	发电用其他折标准煤量	1003	热电比	618.08
发电用厂用电率	3.11	发电标准煤耗	216.49	余热机组发电量	
综合厂用电量	371.666	供电标准煤耗	223.44	余热机组厂用电量	
综合厂用电率	13.83	供热设备台数	1	计划平均停运容量	
上网电量	2316.204	期末供热设备容量	50000	非计划平均停运容量	
试运行上网电量		供热量	515373	降低出力等效停运容量	
自发自用电量		供热用厂用电量	288.0899	等效可用系数	
其他电量		供热用厂用电率	5.59		
抽水蓄能耗电量		供热用标准煤量	20058.32		

电厂名称：有限公司-污泥　<　>　计算　保存　导出数据　导入数据　Excel报表　返回

图 2-11　垃圾发电电厂明细数据填写

电力生产情况明细表编辑

单位：千瓦、元/万千瓦时、吨、万立方米、万千瓦时、吉焦　　记录：4/12

有限公司

2020年5月

项目	数值	项目	数值	项目	数值
期末设备容量	6000	平均上网电价		供热用煤折标准煤量	
抽水蓄能容量		发电单位成本		供热用油折标准煤量	
综合可能出力	6000	发电用原煤量		供热用汽折标准煤量	
平均可调出力	6000	发电用燃油量		供热用其他折标准煤量	
期末发电设备台数	1	发电用燃气量		供热用原煤量	
发电最高负荷		发电用生物质燃料		供热用燃油量	
发电量	104.832	发电用其他		供热用燃气量	
抽水蓄能发电量		发电用标准煤量	0	供热用生物质燃料	
其中：试运行发电量		发电用煤折标准煤量		供热用其他	
发电设备平均容量	6000	发电用油折标准煤量		供热标准煤耗	
发电设备平均利用小时	174.72	发电用汽折标准煤量		供热最高负荷	
发电用厂用电量	22.0147	发电用其他折标准煤量		热电比	0
发电用厂用电率	21	发电标准煤耗	0	余热机组发电量	
综合厂用电量	22.0147	供电标准煤耗	0	余热机组厂用电量	
综合厂用电率	21	供热设备台数		计划平均停运容量	
上网电量		期末供热设备容量		非计划平均停运容量	
试运行上网电量		供热量		降低出力等效停运容量	
自发自用电量	82.8173	供热用厂用电量		等效可用系数	
其他电量		供热用厂用电率			
抽水蓄能耗电量		供热用标准煤量	0		

电厂名称：有限公司　<　>　计算　保存　导出数据　导入数据　Excel报表　返回

图 2-12　自备电厂明细数据填写

3. 数据汇总

操作步骤：各电厂数据全部填写完毕后在主界面中点击“计算”，选择计算方式，点依次点“确定”→“保存”→“汇总”按钮，如图 2-13 和图 2-14 所示。

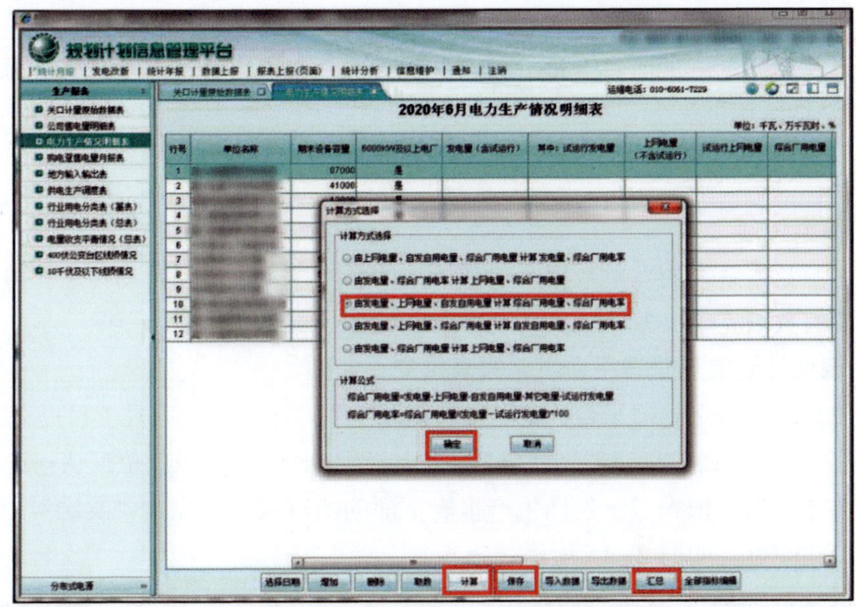

图 2-13　批量电厂数据计算保存

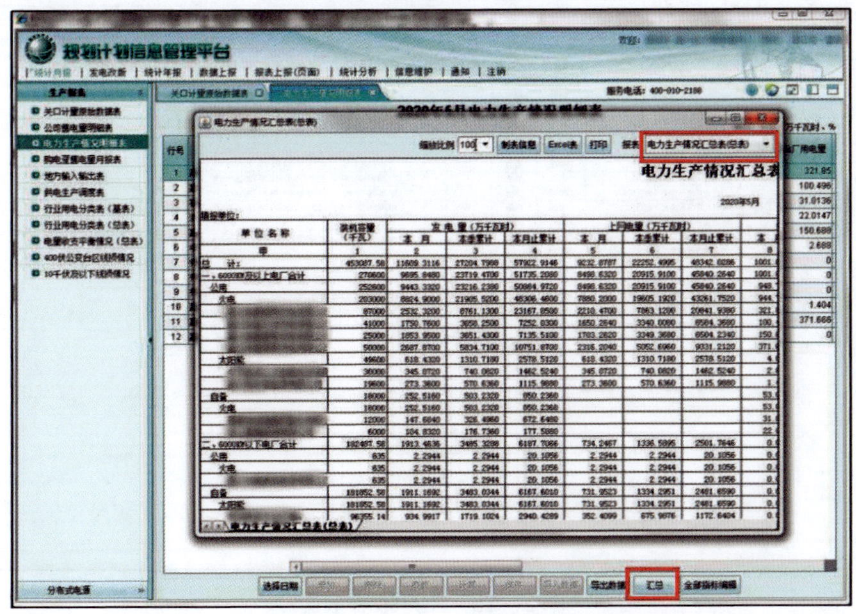

图 2-14　电力生产情况明细表：电厂数据汇总

注意：

（1）分布式光伏可选择第 4 条计算方式计算“自发自用电量”，其他电厂选择第 3 种计算方式：“由发电量、上网电量、自发自用电量计算综合厂用电量、综合厂用电率”。

（2）在数据汇总页面右上角，可以依次查看“电力生产情况汇总表（总表）”、“电力生产情况明细表”。

（三）报表汇总提交

1. 数据传递

当前源数据系统的发电数据从规划计划信息管理系统后台自动传递获得，因此两个系统的数据完全一致。

2. 规划计划信息管理平台发电报表提交

在规划计划信息管理平台，发电报表列属于生产报表，于下月 1 日提交。步骤如下：进入规划计划信息管理平台→“数据上报”→时间和上报单位默认→选择“月报”→选择“生产报表”→勾选生产报表下面的所有表格→点击“发送”，页面显示发送成功即可，如图 2–15 所示。

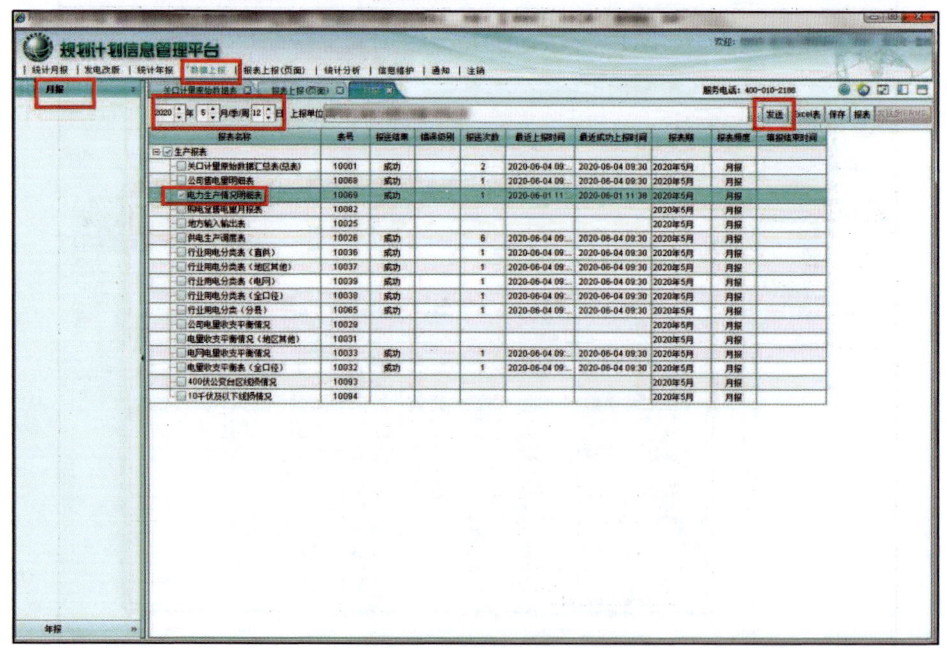

报表名称	表号	报送结果	错误级别	报送次数	最近上报时间	最近成功上报时间	报表期	报表频度	填报结束时间
生产报表									
关口计量原始数据汇总表(总表)	10001	成功		2	2020-06-04 09:...	2020-06-04 09:30	2020年5月	月报	
公司售电量明细表	10068	成功		1	2020-06-04 09:...	2020-06-04 09:30	2020年5月	月报	
电力生产情况明细表	10069	成功		1	2020-06-01 11:...	2020-06-01 11:38	2020年5月	月报	
购电量售电量月报表	10082						2020年5月	月报	
地方输入输出表	10025						2020年5月	月报	
供电生产调度表	10026	成功		6	2020-06-04 09:...	2020-06-04 09:30	2020年5月	月报	
行业用电分类表（直供）	10036	成功		1	2020-06-04 09:...	2020-06-04 09:30	2020年5月	月报	
行业用电分类表（地区其他）	10037	成功		1	2020-06-04 09:...	2020-06-04 09:30	2020年5月	月报	
行业用电分类表（电网）	10039	成功		1	2020-06-04 09:...	2020-06-04 09:30	2020年5月	月报	
行业用电分类表（全口径）	10038	成功		1	2020-06-04 09:...	2020-06-04 09:30	2020年5月	月报	
行业用电分类（分县）	10065	成功		1	2020-06-04 09:...	2020-06-04 09:30	2020年5月	月报	
公司电量收支平衡情况	10029						2020年5月	月报	
电量收支平衡情况（地区其他）	10031						2020年5月	月报	
电网电量收支平衡情况	10033	成功		1	2020-06-04 09:...	2020-06-04 09:30	2020年5月	月报	
电量收支平衡表（全口径）	10032	成功		1	2020-06-04 09:...	2020-06-04 09:30	2020年5月	月报	
400伏公变台区线损情况	10093						2020年5月	月报	
10千伏及以下线损情况	10094						2020年5月	月报	

图 2–15 生产报表报送

第三章 生产统计月报

第一节 概　　述

生产报表，又称“供电报表”，一共包含 6 套表格，分别是《关口计量原始数据表》《公司售电量明细表》《供电生产调度表》（含基表、总表）、《行业用电分类表》《电量收支平衡表》。表格名称和填报截止日期如表 3–1 所示，供售同期单位与非供售同期单位日期或有不同。

表 3–1　　生产报表简介

表格名称	填报截止日期
关口计量原始数据表	每月 4 日（按照报表制度调整）
公司售电量明细表	每月 4 日（按照报表制度调整）
供电生产调度表	每月 4 日（按照报表制度调整）
行业用电分类表（基表）	每月 4 日（按照报表制度调整）
行业用电分类表（总表）	每月 4 日（按照报表制度调整）
电量收支平衡情况（总表）	每月 4 日（按照报表制度调整）

生产月报中各分表间存在取数逻辑关系，因此填报有先后顺序。填报流程图如图 3–1 所示。

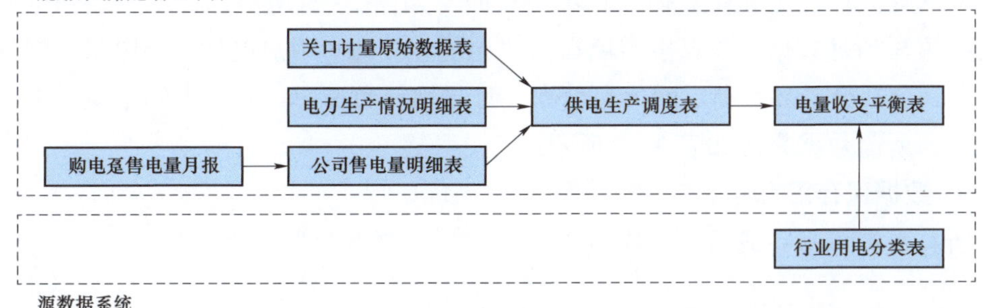

图 3–1　生产月报填报流程图

第二节　关口计量原始数据表

一、指标释义

关口计量点（简称“关口”）是发电企业、地方电力公司、电网经营企业、售电公司、用电客户之间的电量交换点，以及企业内部用户经济技术指标分析、考核的电能计量点。根据性质不同，关口计量点可分为发电上网关口、跨国输电关口、跨区输电关口、跨省输电关口、省级供电关口、地级供电关口、趸售关口、售电关口、内部考核关口九类。

根据关口类型和电量用途，关口电量可以汇总为电厂上网电量、电网交换电量或售电量。其中，电厂上网电量是发电厂在报告期内通过上网关口输送给电网的电量之和；售电量是电网企业通过售电关口销售给用户以及通过趸售关口销售给其他电网企业的电量之和。

电网交换电量是指不同区域电网之间、电网企业之间、电网企业与其所属供电企业之间、不同供电企业之间的关口电量之和，关口涉及跨国、跨区、跨省输电关口，以及省级、地级供电关口。

二、数据报送

1. 增加期别

进入规划计划信息管理平台，依次点击“统计月报”→“生产报表”→“关口计量原始数据表”，如图 3-2 所示。然后点击“增加”按钮→输入对应的期别→点击“确认”。

2. 数据填写

进入《关口计量原始数据表》填写页面，如图 3-3 所示。在或“追补电量”一列中填写当月数据，该表格需填写关口电量、220kV 用户电量、售电量、网供最高负荷、全社会最高负荷、网供负荷率、月平均日负荷率、电厂上网电量、电厂购网电量，所需数据来源如表 3-2 所示。

3. 数据保存汇总

所有数据填写完成后，依次点击“计算”→“保存”→“汇总”。

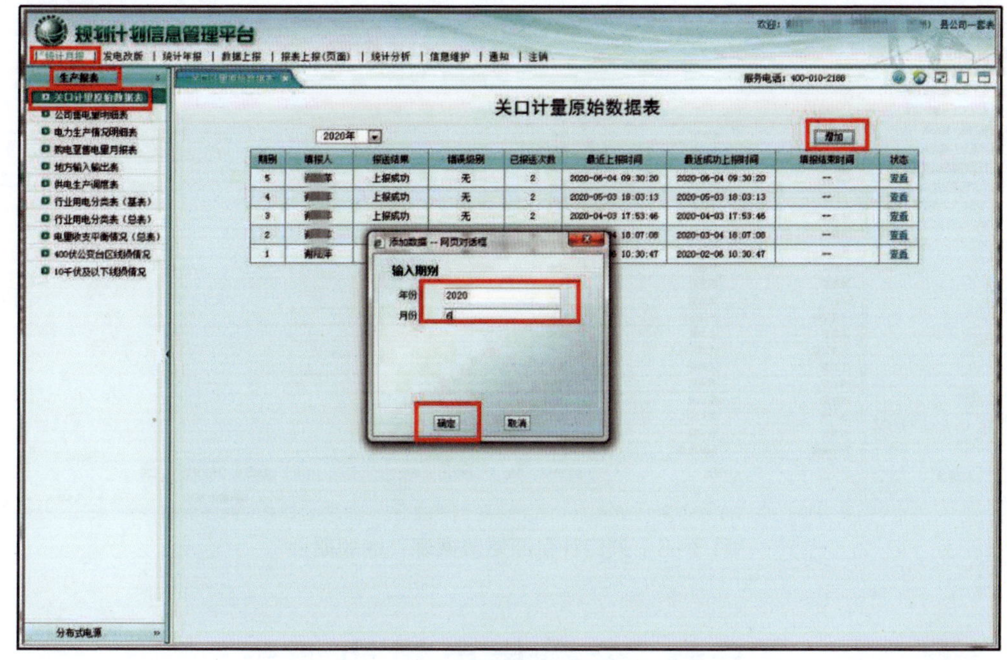

图 3-2　关口计量原始数据表：增加期别

表 3-2　　　　　　　　　关口计量表填报数据来源

字段名称	数据来源
关口电量	电能量关口结算表格
110kV 以上用户电量	营销系统用户售电量
售电量	营销售电量报表数据
网供最高负荷	调控中心系统/报表
全社会最高负荷	调控中心系统/报表
网供负荷率	调控中心系统/报表
月平均日负荷率	调控中心系统/报表
电厂上网电量	营销电厂报表数据
光伏上网电量	营销光伏报表数据
电厂购网电量	营销报表数据

图 3-3　关口计量原始数据表：增加期别

第三节　公司售电量明细表

一、指标释义

售电量指电网经营企业按国家销售电价销售给本经营区内用电客户，并用作最终消费的电量。

为避免互售电量重复计算，统计地区售电量和各电力公司汇总售电量时，均不能用电网经营企业与发电企业售电量相加得出，而只能计算电力企业的零售终端用户电量和趸售给本地区外（或本公司外）的电量。

（一）售电量的分类

1. 按电价分类

生产统计中，售电量按电价可分为大工业电量、一般工商业及其他电量、农业电量、居民电量、趸售电量、打水电量、大用户直接交易电量和其他用电电量，供电企业按到户销售电量目录电价将电量纳入以上不同类别。

（1）大工业电量：执行大工业电价的客户所用电量，包括受电变压器（含不通过受电变压器的高压电动机）容量在 315kVA 及以上的下列用电：① 以电为原动力，或以电冶炼、烘焙、熔焊、电解、电化、电热的工业生产用电；② 铁路（包括地下铁路、城铁）、航运、电车及石油（天然气、热力）加压站生产用电；③ 自来水、工业实验、电子计算中心、垃圾处理、污水处理生产用电。

（2）一般工商业及其他电量：包括目前执行非居民照明、非工业及普通工业、商业三类电价的用户用电。

（3）农业电量：执行农业生产用电价格的客户所用电量，包括农业用电、林木培育和种植用电、畜牧业用电、渔业生产用电，农业灌溉用电和农产品初加工用电。

（4）居民电量：执行居民生活用电价格的客户所用电量，包括城乡居民家庭住宅，以及机关、部队、学校、企事业单位集体宿舍的用电；城乡居民住宅小区公用附属设施用电（不包括从事生产、经营活动用电）；学校教学和学生生活用电、社会福利场所生活用电、宗教场所生活用电、城乡社区居民委员会服务设施用电以及监狱监房生活用电。

（5）趸售电量：电网经营企业趸售给代管及其他无资产关系供电企业的关口结算电量，列入“趸售电量”。

（6）打水电量：国家已批复抽蓄电站抽水电价的抽水蓄能耗用电量，列入“打水电量”，未批复抽水电价的抽蓄电站不纳入售电量统计。

（7）大用户直接交易电量：为适应输配电价改革，2015 年公司在生产统计的售电分类中增加了大用户直接交易电量分类，将与发电企业、电网经营企业签订了直接交易三方合同、电网经营企业收取过网费的用户电量，列入“大用户直接交易电量”。

（8）其他用电电量：与以上 7 类电量电价均不相同的，纳入其他用电。

2. 按销售方式分类

售电量按销售方式分为零售电量和趸售电量。其中，零售电量是指销售给终端用户的电量，趸售电量是指执行趸售电价由电网经营企业批量销售给其他电力企业的电量。

（二）售电量的常用口径

根据国家电网公司报表制度，售电量有如下口径：

1. 公司口径售电量

指报告期内电网经营企业按国家销售电价政策销售给本经营区用电客户，并用作最终消费的电量。

公司口径售电量包括公司电网经营企业售电量与公司外售电量。其中，“外售电量”是指电网经营企业或授权电厂出售给本省级电网以外其他省级及以上电网经营企业的电量。

公司电网经营企业售电量包含销售到户的电量和趸售给本省内无资产关系的供电企业的结算电量，不包含外售电量。

县级公司售电量是县公司作为经营主体取得售电收入的电量，包括县级公司销售到户的电量、趸售给无资产关系的电力企业的电量，以及售系统内其他公司的电量。需要特别指出的是，当县级公司为分公司性质时，与其他分公司之间的电量互送为内部结算，此时电量应按输入、输出电量计算，不应计入互售电量。

2. 地区口径售电量

地区口径售电量指报告期内电力企业在本地区内按国家销售电价销售给用电客户，并用作最终消费的电量。地区售电量应包括所有电网经营企业、发电企业、售电公司、地方电力公司在该地区内的销售到户的电量，如：县域内与地市公司直接结算的大用户售电量，应计入该县域的地区口径售电量。

与地区口径供电量对应，地区净用电量=地区电力企业售电量+自备电厂自发自用电量。

3. 农网口径售电量

农网口径售电量指报告期内通过 110kV 及以下的电网销售给县城和农村生产生活用电客户，并用作最终消费的电量。

农网口径售电量=$\sum$县公司售电量（不含系统内公司互售电量）−
$\sum$县公司收费 220kV 及以上用户售电量+
$\sum$地市公司直供县域 110kV 及以下用户售电量

二、系统操作

1. 增加期别

选择公司售电量报表，增加期别，如图 3–4 所示。

2. 数据填写

本报表数据按照营销部提供的《电力销售情况快报》手动填写。

进入公司售电量明细表，将营销部（客服中心）提供的数据填入对应项。依次点击“计算”→“保存”→“汇总”，如图 3–5 所示。

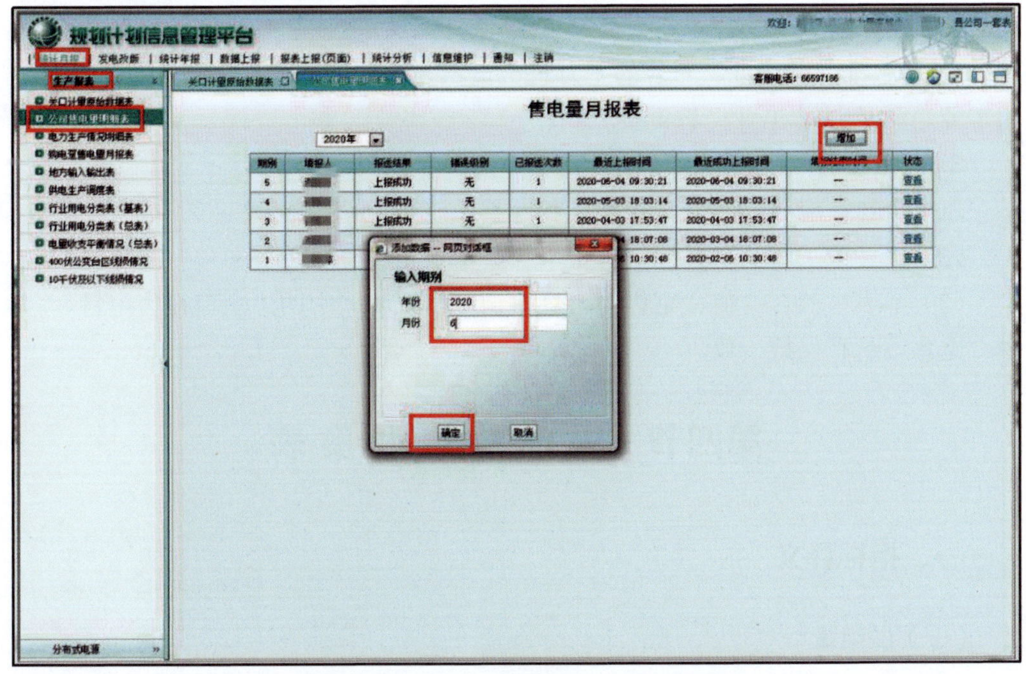

图 3-4　公司售电量明细表：增加期别

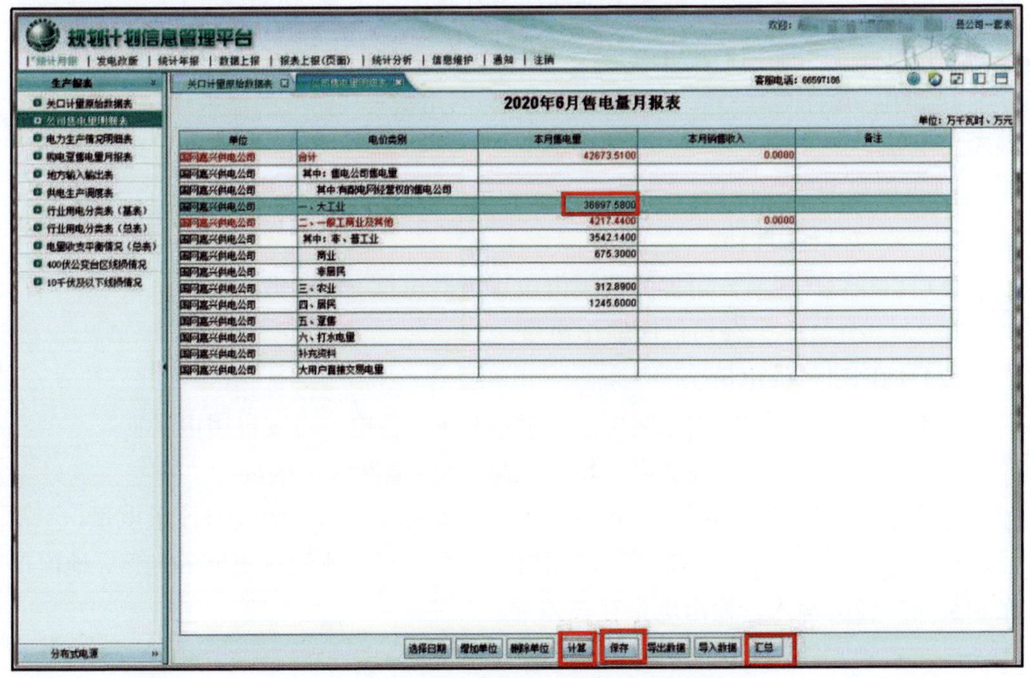

图 3-5　公司售电量明细表：数据填写

注意：

“其中：非、普工业”对应的本月售电量填写《电力销售情况快报》中“2. 普通工业”和“6. 非工业”售电量之和。

3. 数据校验

（1）合计数应等于八大类相加之和。

（2）“一般工商业及其他”等于下级其中项相加。

（3）本表中的合计值、趸售与《供电调度情况表》中的“全口径售电量”“其中：趸售电量”保持一致。

第四节　供电生产调度表

一、指标释义

（一）供电量

1. 供电量指报告期内可用于各级电网供电生产活动投入的电量，含电网经营区内发电站、分布式电源、抽蓄电站的关口计量上网电量，以及各级电网和其他电网的关口计量输入输出净电量。

2. 供电量的计算公式：供电量＝电厂上网电量＋其他电网输入电量–向其他电网输出电量

3. 供电量的常用口径：

（1）公司口径供电量

公司口径供电量＝公司供区范围内电厂上网电量＋公司供区输入电量–公司供区输出电量

（2）地区口径供电量

地区口径供电量＝本地区电厂上网电量＋自备电厂自发自用电量＋地区电网输入电量–地区电网输出电量

计算地区口径供电量时，输入、输出电量应为地区口径的关口计量电量，不是财务结算电量。对于公司跨地区经营电网或多公司经营本地区电网的地区，地区口径和公司口径的输入、输出电量存在差异。

（3）农网口径供电量

农网口径供电量= $\sum$ 县公司供电量（不含系统内公司互售电量）–
$\sum$ 县公司收费 220kV 及以上用户供电量+
$\sum$ 地市公司直供县域 110kV 及以下用户供电量

农网供电量统计时应注意两点：一是应剔除县域范围内 220kV 大用户的供电量，二是应还原县域范围内、但由市公司统一管理和统计的 110kV 及以下大用户的供电量，这两类大用户在还原电量时一般视为无损用户，即供电量等于售电量。

（二）线路损失电量

电网经营企业在整个电力输配过程中发生的送变（配）电设备的生产消耗和不明损失统称为线路损失电量，简称“线损”。它是从发电厂送出电能计量点至用户电能表止所发生的全部电能消耗和损失，具体分为空载损失、负载损失和其他损失三部分。

（1）空载损失：一般不随负荷变化而变化，只要电气设备上带有电压，就要消耗电能。它包括：输电变压器和配电变压器的铁损；电晕损失；调相机、调压器、电抗器、消弧线圈等设备的铁损及绝缘介质的损失；用户电能表电压线圈损失及电能表附件的损耗。

（2）负载损失：随负荷的变动而变化，它与电流的平方成正比。它包括：输电、配电线路的铜损；输电、配电变压器的绕组损失；调相机、调压器、电抗器、消弧线圈等设备的损失；接户线的损失；电能表电流线圈的损失；电流、电压互感器及二次回路的铜损。

（3）其他损失：空、负载损失以外的损失。包括：漏电、窃电及电能表误差损失；变电站的直流充电、控制及保护、信号、通风冷却等设备消耗的电量。

注意：用电单位和销售单位为同一经营主体、电能所有权并未发生转移的办公用电不纳入售电量统计，纳入线损统计。

线路损失电量不能直接计量，它是用供电量与售电量相减计算的，即线路损失电量=供电量–售电量。

（三）线路损失率

线路损失率是在供电生产过程中耗用和损失的电量占供电量的比率。是反映用电管理与技术管理工作水平的综合性技术经济指标。

线路损失率（%）=线路损失电量/供电量×100%=
（供电量–售电量）/供电量×100%

线损率有地区、公司、农网口径，其中公司口径线损率也称为公司综合线损率，计算线损率需注意供电量、售电量口径保持一致。

（四）输入电量和输出电量

输入电量是指某一区域电网或电网企业，在报告期内接受其他电网或电网经营企业输入的用于供电生产投入的电量。对于省级电网来说，输入电量等于跨国、跨区、跨省输电关口在报表期内输入电量之和。对于地市级电网来说，输入电量等于报表期内省对地供电关口的输入电量，以及其他地市电网与该电网联络线关口的输入电量之和。

输出电量是指某一区域电网或电网经营企业，在报告期内向其他电网或电网经营企业输出的电量。

电网在报告期内输入电量和输出电量的差值，被称为该电网的净输入电量或净输出电量。对于净输入电量较大，电源无法满足供区用电需求、长期依靠外区输入的电网，通常被称为输入型电网或受端电网；对于净输出电量较大，电源较多、长期向外输出的电网，通常被称为输出型电网或送端电网。

（五）最高负荷

最高负荷是报告期内记录的负荷中数值最大的一个。

供电最高负荷：供电最高负荷是报告期内供电地区在某一瞬间实际承担的供电工作负载数值最大的一个。

网供最高负荷：网供最高负荷是报告期内电力网在某一瞬间实际承担的供电工作负载数值最大的一个。

二、系统操作

1. 增加期别

选择供电生产调度表，增加期别，如图 3–6 所示。

2. 数据填写

该表格中的数据在“供电指标取数定义”设置好后，均可系统自动取数获取，只需点击“取数”按钮即可，如图 3–7 所示。

3. 数据汇总

数据取数完成后点击“计算”→“保存”→“汇总”。

4. 数据校验

终次填报时，本表全口径售电量与《公司售电量明细表》的合计值保持一致；本表其中趸售电量与《公司售电量明细表》的趸售保持一致。

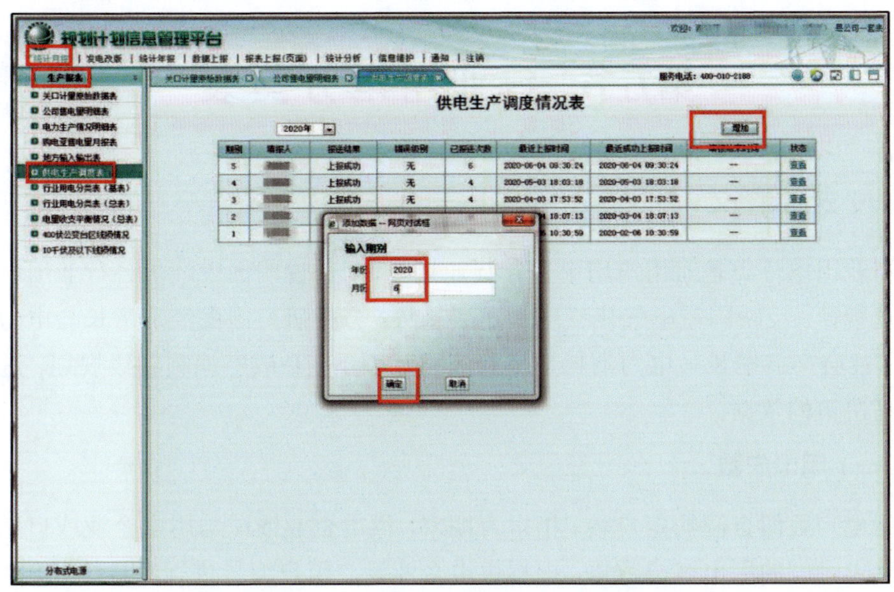

图 3-6　供电生产调度表：增加期别

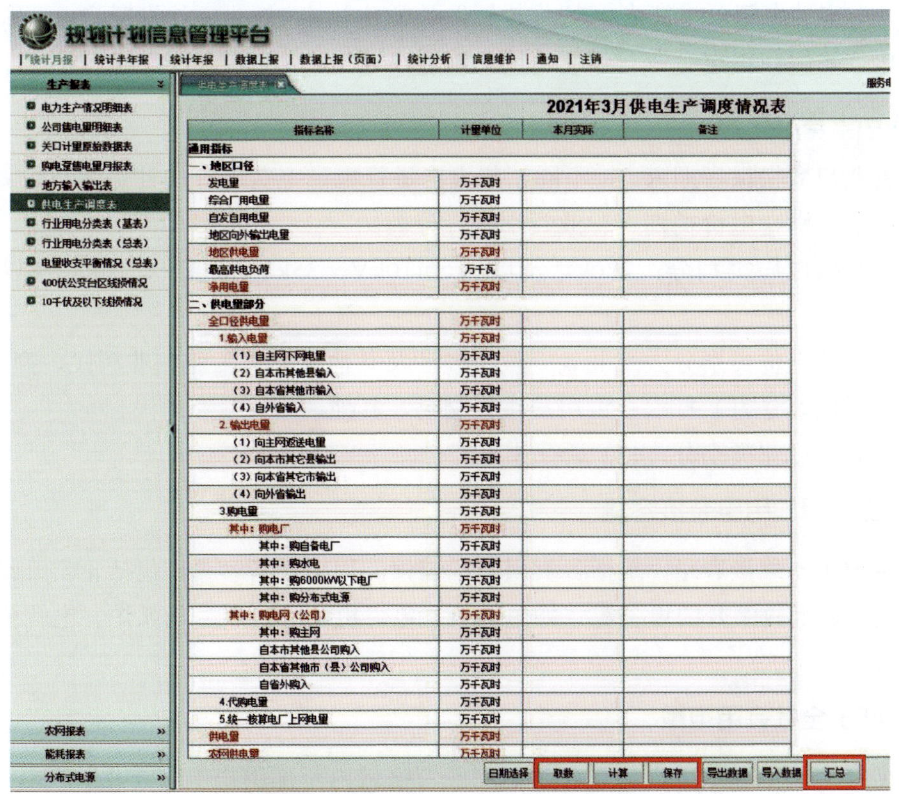

图 3-7　供电生产调度表：数据填写

第五节　行业用电分类表

一、指标释义

行业用电分类是对用户用电进行行业划分，用于说明国民经济各行业用电情况和变化规律，反映国家电气化程度和发展趋势；分析研究国民经济增长与电力生产增长、社会产品增长与电力消耗量增长的相互关系；是政府编制各级规划、进行能源管理决策的依据。

（一）用电户数

用电户数即合同约定户数。指报告期末，供电企业依法与用电企业或自然人签订供用电合同的用电客户数量，根据供电企业设立用户编号进行数量统计，计量单位："户"。如：三家合装一只电能表，在供电企业设立一个用户编号，计为一户。反之，一家装有三只电能表，在供电企业设立三个用户编号，计为三户；一家装有多只电能表而在供电企业只设立一用户编号，计为一户。

（二）营业户数

营业户数指报告期末，按不同销售电价进行电量电费结算的计费客户数。可以按照电压类别、电价类别、行业类别进行分类。

（1）按电压类别分：220kV 及以上、110kV、35kV、20kV、10kV 及以下、400V 以下。

（2）按电价类别分大工业、一般工商业及其他（非普工业、非居民、商业）、农业、居民、趸售、打水、大用户直接交易、其他。

（3）按行业类别分：133 类行业。

（三）用户用电装接容量

用户用电装接容量，是指各类用户已装接的用电设备容量，包括正常开动、备用、检修、因故停开的设备等，如电动机、电焊机、电阻炉、电弧炉、电解槽、电镀槽等。

（四）全社会用电量

全社会用电量是指报告期各级电网经营区域内全部用户（含电力生产用户）耗用的全部电量，它反映区域内全社会用电状况，是考察电力消费去向的重要指标。

其中：抽蓄电站全部抽水耗用电量、电厂生产全部耗用电量及自备电厂自发自用电量均纳入统计。

全社会用电量分为全行业用电量和城乡居民生活用电量，其中全行业用电量按产业类别又分为第一产业、第二产业和第三产业用电量。

1. 第一产业用电量

第一产业用电量即农业用电量，包括农业、林业、畜牧业、渔业和农、林、牧、渔专业及辅助性活动用电量。

2. 第二产业用电量

第二产业用电量是工业（包括采矿业，制造业，电力、燃气及水的生产和供应业）和建筑业用电量。

3. 第三产业用电量

第三产业用电量是除第一产业、第二产业以外的其他行业用电量，由于第三产业包括的行业多、范围广，根据我国的实际情况，第三产业可分为两大部分：一是流通部门，二是服务部门。主要包括交通运输、仓储、邮政业，信息传输、软件和信息技术服务业，批发和零售业，住宿和餐饮业，金融业，房地产业，租赁和商务服务业，公共服务及管理组织用电量。

4. 城乡居民生活用电量

城乡居民生活用电量是城镇、乡村居民家庭照明、家用电器等生活用电量。

（五）行业分类常用口径

行业用电分类共有 4 个口径，分别为“直供”“电网”“全口径”“农网”。行业用电（直供）：的统计口径为公司直供口径。

1. 行业用电分类（直供）

统计指标“电厂全部耗用电量”：包含公司统一核算电厂的厂用电量，不包含其他电厂的全部耗用电量；当对发电企业有倒送电的情况时，也要将相关电量列入其中。

统计指标“用户用电装接容量”：指的是用户已经实际装接的用电设备容量，计量单位为千瓦，对于因个数太多而难以掌握其个数和容量的情况（如用户灯头太多时难以掌握其灯头数和容量的情况），可按电度表的安培数乘以电压，再按功率因数折算为有功容量千瓦。

2. 行业用电分类（电网）

统计指标“线路损失电量”：包括一次网损和地区的全部损失电量。

统计指标“抽水蓄能抽水耗用电量”：抽水蓄电厂无论哪种经营模式，其抽水耗用电量要全部计入其中。

3. 行业用电分类（全口径）

即包含所有口径

4. 行业用电分类（农网口径）

不含 220kV 及以上用户电量，含市公司直供县域 110kV 及以下电量。

农网口径全社会用电量=县公司发行的县域内 110kV 及以下售电量+线损电量（公司口径）+市公司直供县域内 110kV 及以下售电量+县域内 110kV 及以下自备电厂自发自用电量+县域内 110kV 及以下电厂综合厂用电量。

各行业分类及指标定义详见 2017 版《国民经济行业用电分类》。

（六）行业用电说明

企业管理机构用电，从事具体产品生产的随行业；不从事具体产品生产，只负责行政管理的企业集团总部列租赁和商务服务业—（商务服务业）（企业管理和综合管理服务）；只从事单一经济活动的企业总部（如商业银行、保险公司等），按经济活动列入相应的行业类别中；与下属单位（有限公司、子公司）为同一个法人的企业总部，随该下属法人单位列入相应的行业类别中。

一个企业生产多种产品的，具备分别计量的就分别归类，实在不能分开的就按主导产品（不明确时，按消耗电量最大的产品）归类。如果一个企业的电量包括生活小区电量（表计不能分开的），则按一定比例分摊的办法进行统计，同时定期跟踪用电量变化情况，动态地核定分摊比例。如果一个企业有转供电情况，而又无法取得用电分类的则按该企业的主业归类。

电力系统自身用电：省电力公司及以上部门办公用电列入租赁和商务服务业—（商务服务业）（企业管理和综合管理服务）；电厂、地（市）级及以下供电单位办公用电列入电力、燃气及水的生产和供应业—（电力、热力的生产和供应业）总项中；其他电力企业办公用电，按单位的性质归类。

二、系统操作

1. 系统登录

源数据系统为电力生产明细和行业电量报送平台，用谷歌浏览器打开，网址：http://10.4.39.231:15100/MPI，各县公司（分公司）使用各自的账号、密码登录进行操作。登录界面如图 3-8 所示。

输入账号 zjjxhn_sctj_zg（该账号以浙江嘉兴某县公司为例），密码××××××和验证码登录系统。

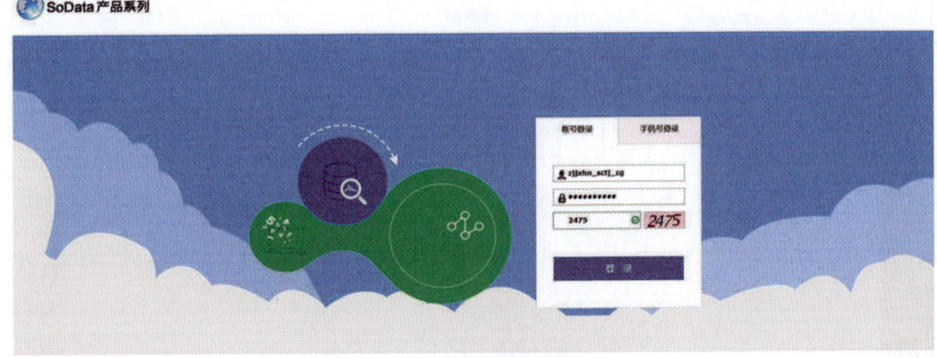

图 3-8　源系统登录界面

2. 数据填写

登录源数据系统后，点击源数采集模块，单位统计类，点击“行业用电分类”→“用电基表”→“行业用电基表”，可以看到各填报基础表格，如“直供 110kV 及以下用户”“直供线损”“本单位统计电厂（非农网）”“售电厂（全口径剔除）”，部分单位还需填报 220kV 及以上用户基础表格。

（1）直供 110kV 及以下用户表。点击导出数据，选择路径后导出数据模版，将对应数据填入模版，如图 3-9 所示。

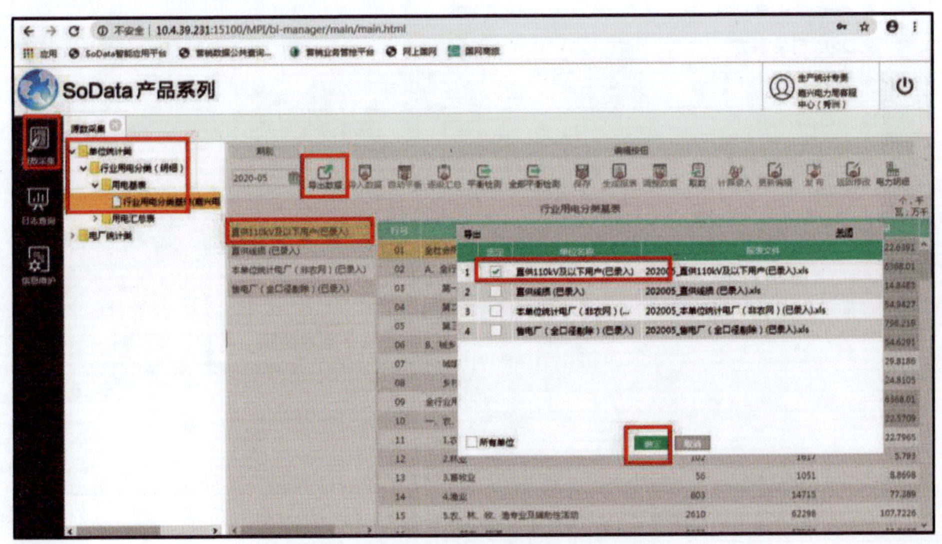

图 3-9　行业用电分类表：数据导出

将导出模版导入系统，点击导入数据，选择路径后点击导入，待数据导入后点击“逐级汇总”→“平衡检测”→“保存”→“生成报表”，如图 3-10 所示。

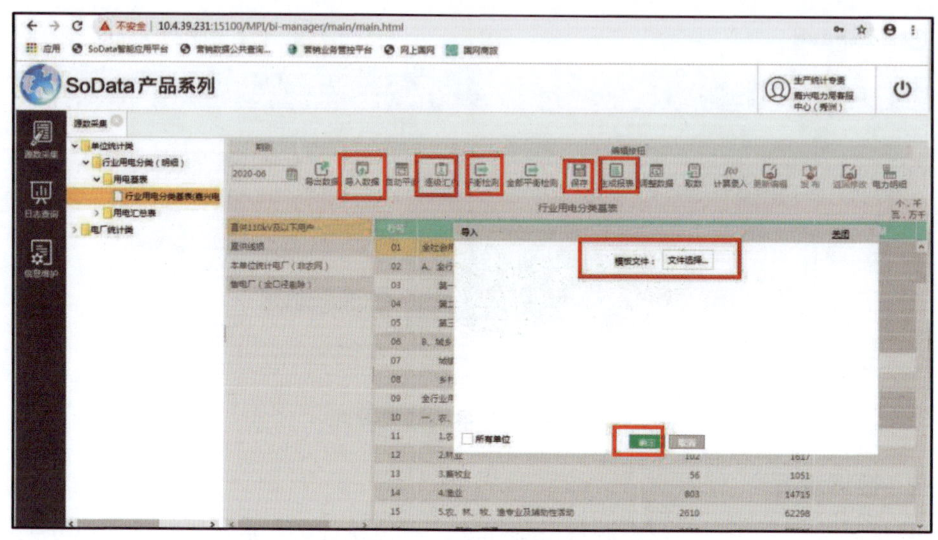

图 3-10　行业用电分类表填报：数据导入

（2）直供线损表。规划计划信息管理平台供售电量数据填写完毕后，点击“取数”→“确定”→“逐级汇总”→“平衡检测”→“保存”→“生成报表”，如图 3-11 所示。

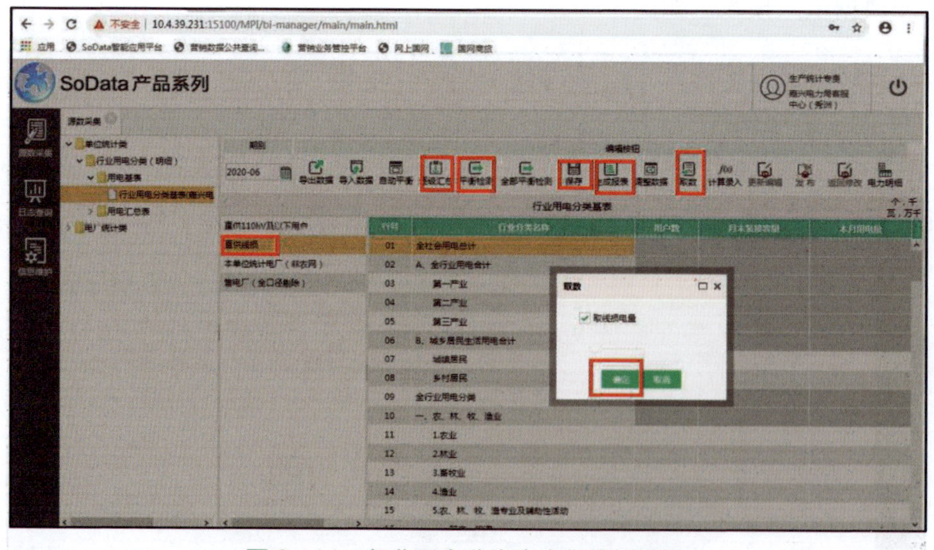

图 3-11　行业用电分类表直供线损填报

（3）本单位统计电厂（非农网）表。规划计划信息管理平台各电厂报表填写完毕后，点击“取数”→“确定”→“逐级汇总”→“平衡检测”→“保存”→“生成报表”，如图 3-12 所示。

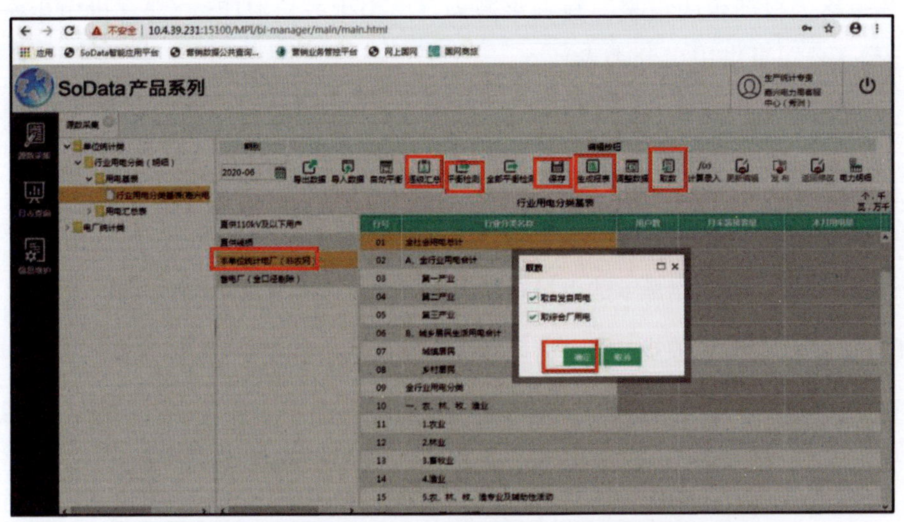

图 3-12　行业用电分类表本单位统计电厂（非农网）填报

（4）售电厂（全口径剔除）表。将购网电数据补充填写到第 87 行“1.电力、热力生产和供应业”和 88 行“其中：电厂生产全部耗用电量”，点击“逐级汇总”→“平衡检测”→“保存”→“生成报表”，如图 3-13 所示。

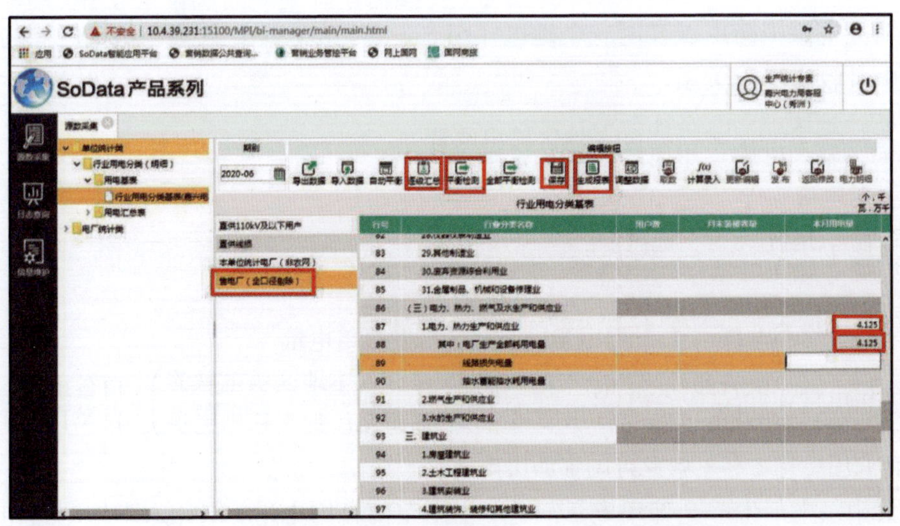

图 3-13　行业用电分类表售电厂（全口径剔除）填报

第六节　电量收支平衡情况表

该表格为自动生成报表，数据来源为《电力生产情况明细表》《供电生产调度情况表》《公司直供用电分类表》。

一、指标释义

供电企业电量平衡主要体现报告期内供电企业所经营的电量在分配与去向方面的一种平衡关系。即

$$\text{企业输入电量}+\text{购电量}=\text{售电量}+\text{企业输出电量}+\text{线损电量}$$

（一）发、购电量收支平衡

指电力公司收入电量（统一核算电厂发电量、输入电量（含过网输入电量）和购入电量之和）应当等于支出电量（售电量、输出电量（含过网输出电量）、线损电量、统一核算电厂发电供热厂用电量、主变损耗及生产其他耗用电量之和）

$$\sum\left(\begin{matrix}\text{统一核算}\\\text{电厂发电量}\end{matrix}+\begin{matrix}\text{企业输入}\\\text{电量}\end{matrix}+\begin{matrix}\text{购}\\\text{电量}\end{matrix}\right)=\text{售电量}+\begin{matrix}\text{企业输出}\\\text{电量}\end{matrix}+\begin{matrix}\text{线损}\\\text{电量}\end{matrix}+\sum\left(\begin{matrix}\text{统一核算电厂}\\\text{全部耗用电量}\end{matrix}\right)$$

$$\sum\left(\begin{matrix}\text{统一核算}\\\text{电厂发电量}\end{matrix}-\begin{matrix}\text{统一核算电厂}\\\text{全部耗用电量}\end{matrix}\right)+\begin{matrix}\text{输入}\\\text{电量}\end{matrix}+\begin{matrix}\text{购}\\\text{电量}\end{matrix}-\begin{matrix}\text{输出}\\\text{电量}\end{matrix}=\text{售电量}+\begin{matrix}\text{线损}\\\text{电量}\end{matrix}$$

（二）地区电量平衡

地区电量平衡用以表明一个地区（国家、省、市、地、县等）供电区域内报告期的电量收支平衡关系。

$$\begin{matrix}\text{全口径}\\\text{发电量}\end{matrix}+\begin{matrix}\text{地区}\\\text{输入电量}\end{matrix}=\begin{matrix}\text{全社会}\\\text{用电量}\end{matrix}+\text{地区输出电量}$$

全社会用电量

$$=\begin{matrix}\text{全口径}\\\text{发电量}\end{matrix}+\begin{matrix}\text{地区}\\\text{输入电量}\end{matrix}-\begin{matrix}\text{地区}\\\text{输出电量}\end{matrix}$$

$$=\text{地区售电量}+\begin{matrix}\text{综合线损}\\\text{电量}\end{matrix}+\begin{matrix}\text{电厂生产全部}\\\text{用电量}\end{matrix}+\begin{matrix}\text{自备电厂}\\\text{自发自用电量}\end{matrix}$$

$$=\text{地区售电量}+\begin{matrix}\text{综合线损}\\\text{电量}\end{matrix}+\left(\begin{matrix}\text{电厂生产全部}\\\text{耗用电量}\end{matrix}+\begin{matrix}\text{未计入本地区售电量的}\\\text{抽蓄电厂抽水耗用电量}\end{matrix}\right)+\begin{matrix}\text{自备电厂}\\\text{自发自用电量}\end{matrix}$$

$$=\text{各行业用电量之和}+\text{城乡居民生活用电量}$$

其中：电厂生产全部用电量＝电厂生产全部耗用电量＋未计入本地区售电量的抽蓄电厂抽水耗用电量

（三）其他计算关系

（1）收入电量总计=支出电量总计。

（2）收入电量总计=统一核算电厂发电量+输购入电量。

（3）输购入电量=1. 输入电量+2. 购入电量。

（4）购入电量=购电厂电量+购电网电量。

（5）支出电量总计=全社会用电总计+输出电量+趸售电量。

二、系统操作

1. 数据填写

进入规划计划信息管理平台，依次点击“统计月报”→“生产报表”→“电量收支平衡情况（总表）”→点击“当月期别的修改”，在右上角选择各口径的行业用电分类表，依次点击“平衡检测”，进行报表检查。如图 3-14 所示。

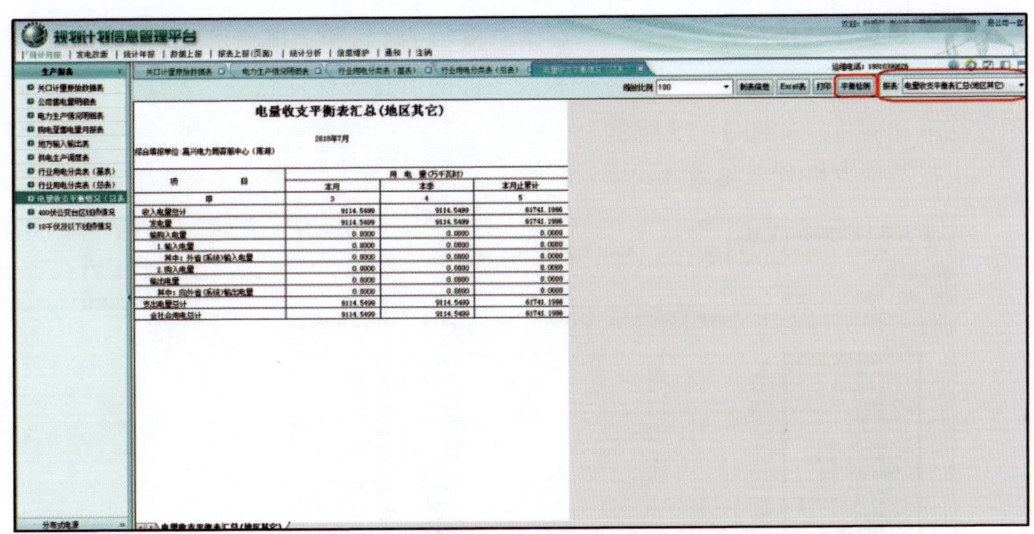

图 3-14　电量收支平衡情况（总表）：平衡检测

2. 数据校验

（1）本表输入电量、输出电量、购入电量、其中：购电厂、购电网、其中：趸售电量与《供电生产调度情况表》中输入电量、输出电量、购电量、其中：购电厂、其中：购电网（公司）、其中：趸售电量保持一致。

（2）本表全社会用电总计与《公司直供用电分类表》中全社会用电总计一致。

第七节　生产月报的审核与报送

一、报表审核

当所有报表全部填报完成后，需要导出表格进行核查。

核查一：和填报依据的资料进行核实，确保所填数据正确。

核查二：与上月和去年同月进行对比核查，若发现数据相差超过一定幅值，则进行原因核查。

核查三：核查关键数据一致性。

核查四：核查有无漏报数据。

二、报表上报

1. 规划计划信息管理平台上报

进入规划计划信息管理平台→“数据上报”→时间和上报单位默认→选择“月报”→选择“生产报表”→勾选生产报表下面的所有表格→点击“发送”，页面显示发送成功即可，如图 3–15 所示。

上报其他表格列表见表 3–1。

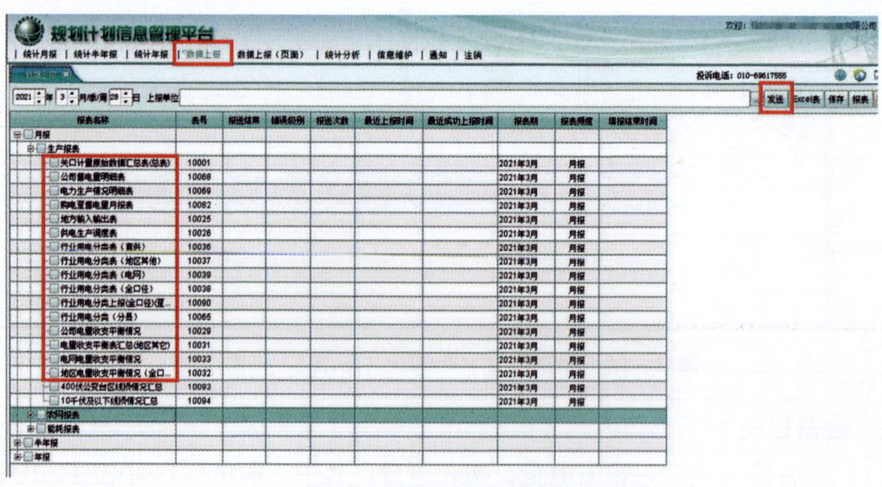

图 3–15　生产报表报送

注意：

上报中如提示性错误：年度、季度、月度售电量出现微小差别。如图 3–16 所示。差别值为年度、季度、月度电厂购网电数量，该错误为提示性错误，表格数据不存在问题，直接点击“确定”进行上报即可。

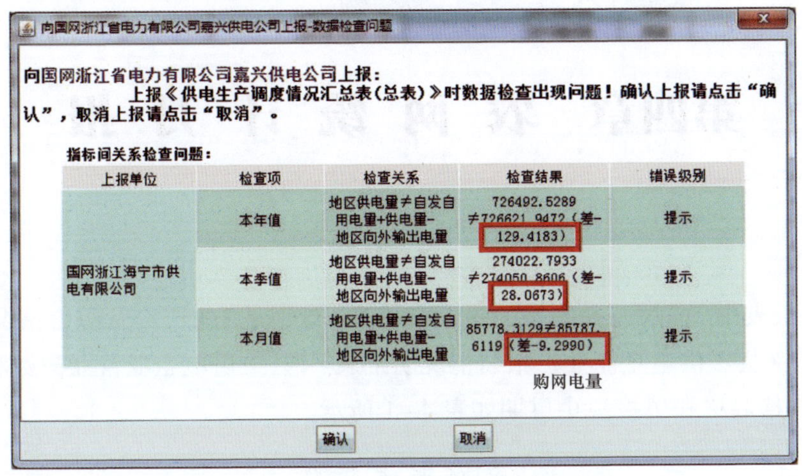

图 3-16　因购网电量产生的上报提示

2. 源数据系统上报

行业用电分类报表在源数据系统中需要同步上报。登录源数据系统，依次点击“源数采集”→“行业用电分类”→“用电汇总表”，可以看到需上报的表格，分别为“行业用电分类（直供）”“行业用电分类（其他）”“行业用电分类（地区）”“行业用电分类（电网）”，县公司比分公司还多一张“行业用电分类（农网）”，每张表格分别执行：选中表格→点击“提交”，即完成上报。如图 3-17 所示。

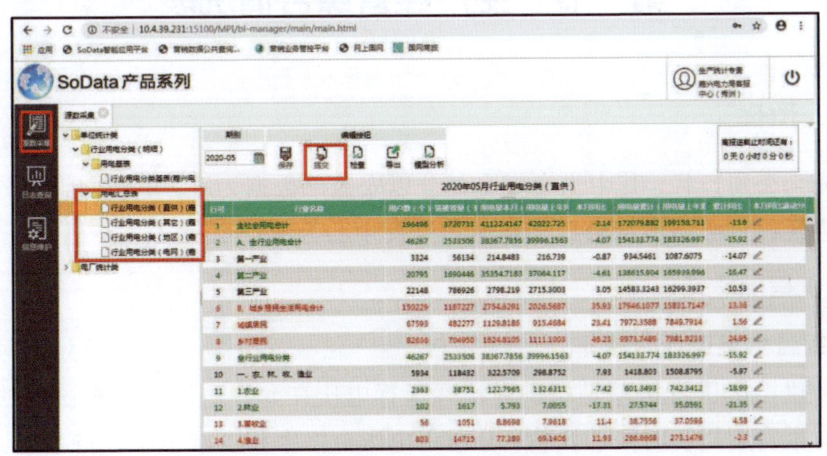

图 3-17　源数据系统行业报表提交上报

第四章 农网统计月报

农网报表中，需填写并上报的报表有 4 套，分别是《生产经营综合情况表》《分压线损表》《县级供电企业业扩报装情况明细表》《县级供电企业营业户数和容量情况表》，表格名称和填报截止日期如表 4–1 所示。

表 4–1　　农网报表简介

表格名称	填报截止日期
生产经营综合情况表	下月 4 日之前
分压线损情况表	下月 4 日之前
县级供电企业业扩报装情况明细表	下月 4 日之前
县级供电企业营业户数和容量情况表	下月 4 日之前

第一节 生产经营综合情况表

一、指标

本表为公司口径，其中供电安全部分以安监部数据为准；电费回收部分以营销部数据为准；供电质量部分以供电服务指挥中心为准。

（一）指标释义

1. 综合供电电压合格率

综合供电电压合格率是指供电实际运行电压在允许电压偏差范围内的累计运行时间与报告期日历时间的比值，分城市电压合格率和农网电压合格率统计，反映电能质量状况。

2. 城市综合供电电压合格率

城市综合供电电压合格率指指城市（市中心、市区、城镇）A、B、C、D类供电电压合格率加权平均值，计算公式为

城市综合供电电压合格率（%）=0.5×VA+（VB+VC+VD）×0.5÷3

上式中，VA指城市A类供电电压合格率，VB指城市B类供电电压合格率，VC指城市C类供电电压合格率，VD指城市D类供电电压合格率。

城市A类供电电压合格率指带地区供电负荷的变电站的10（6）千伏母线供电电压在允许电压偏差范围内的累计运行时间与报告期总运行时间的百分比。

城市B类供电电压合格率指35（66）千伏专线供电和110千伏及以上供电的用户端电压在允许电压偏差范围内的累计运行时间与报告期总运行时间的百分比。

城市C类供电电压合格率指35（66）千伏非专线供电的和10（6）千伏供电的用户端电压在允许电压偏差范围内的累计运行时间与报告期总运行时间的百分比。

城市D类供电电压合格率指380/220伏低压网络和用户端电压在允许电压偏差范围内的累计运行时间与报告期总运行时间的百分比。

城市各类供电电压合格率的计算公式为

城市A（B、C、D）类供电电压合格率（%）=［1−A（B、C、D）类电压超上限时间+A（B、C、D）类电压超下限时间］÷电压监测总时间×100%

3. 农网综合供电电压合格率

农网综合供电电压合格率指报告期内农网（农村、城镇）供电实际运行电压在允许电压偏差范围内的累计运行时间与报告期日历时间的比值。其中，农网是指110千伏及以下为农村生产生活提供电力服务的电网，计算公式为

农网综合供电电压合格率（%）=0.5×VA+（VB+VC+VD）×0.5÷3

上式中，VA指农网A类供电电压合格率，VB指农网B类供电电压合格率，VC指农网C类供电电压合格率，VD指农网D类供电电压合格率。

农网A类供电电压合格率指报告期内带农网地区供电负荷的变电站的10（6）kV母线电压在允许电压偏差范围内的累计运行时间与报告期日历时间的比值。

农网B类供电电压合格率指报告期内农网35（66）kV专线供电和110kV及以上供电的用户端电压在允许电压偏差范围内的累计运行时间与报告期日历时间

的比值。

农网C类供电电压合格率指报告期内农网35（66）kV非专线供电的和10（6）kV供电的用户端电压在允许电压偏差范围内的累计运行时间与报告期日历时间的比值。

农网D类供电电压合格率指报告期内农网380/220V低压网络和用户端的电压在允许电压偏差范围内的累计运行时间与报告期日历时间的比值。

农网各类供电电压合格率的计算公式为

农网A（B、C、D）类供电电压合格率（%）=［1−A（B、C、D）类电压超上限时间+A（B、C、D）类电压超下限时间］÷电压监测总时间×100%

4. 供电可靠率

供电可靠率是供电系统用户供电可靠性指供电系统对用户持续供电的能力

$$供电可靠率(\%)=\left(1-\frac{用户平均停电时间}{统计期间时间}\right)\times100\%$$

用户平均停电时间是指用户在统计期间内的平均停电小时数，记作AIHC−1（h/户）

$$用户平均停电时间=\frac{\sum 每户每次停电时间}{总用户数}=\frac{\sum(每次停电持续时间\times每次停电用户数)}{总用户数}$$

5. 城市用户供电可靠率

城市用户供电可靠率指报告期内城市（含市中心、市区、城镇范围）用户供电可靠率。其中，城市用户供电可靠率包含：市中心（1）、市区（2）和城镇（3）范围。通常听到的“1+2”是指“市中心+市区”范围；同理，“1+2+3”是指“市中心+市区+城镇”范围。在可靠性管理中，城市用户供电可靠率默认按照“1+2+3”的维度进行统计计算。

城市用户供电可靠率包含RS−1、RS−2、RS−3三种类型。

（1）城市用户供电可靠率（RS−1）指在统计期间对城市用户有效供电总小时数与统计期间小时数的比值，其计算公式为：

$$城市用户供电可靠率(RS-1)(\%)=\left(1-\frac{城市用户平均停电时间}{报告期日历时间}\right)\times100\%$$

（2）城市用户供电可靠率（RS-2）指不包含外部影响的城市用户供电可靠率，其计算公式为：

$$\text{城市用户供电可靠率}(RS-2)(\%)=\left(1-\frac{\text{城市用户平均停电时间-}\frac{\text{城市用户平均}}{\text{受外部影响停电时间}}}{\text{报告期日历时}}\right)\times 100\%$$

（3）城市用户供电可靠率（RS-3）指扣除系统电源不足限电情况下的城市用户供电可靠率。

$$\text{城市用户供电可靠率}(RS-3)(\%)=\left(1-\frac{\text{城市用户平均停电时间-}\frac{\text{城市用户平均}}{\text{限电停电时间}}}{\text{报告期日历时间}}\right)\times 100\%$$

6. **农网用户供电可靠率：**

农网用户供电可靠率指统计期间农网（含农村、城镇范围）用户供电可靠率，包含 RS-1、RS-2、RS-3 三种类型。

（1）农网用户供电可靠率（RS-1）指在统计期间对农网用户有效供电总小时数与统计期间小时数的比值。其计算公式为：

$$\text{农网用户供电可靠率}(RS-1)(\%)=\left(1-\frac{\text{农网用户平均停电时间}}{\text{统计期时间}}\right)\times 100\%$$

（2）农网用户供电可靠率（RS-2）指不包含外部影响的农网用户供电可靠率。其计算公式为

$$\text{农网用户供电可靠率}(RS-2)(\%)=\left(1-\frac{\text{农网用户平均停电时间-}\frac{\text{农网用户平均}}{\text{受外部影响停电时间}}}{\text{统计期时间}}\right)\times 100\%$$

（3）农网用户供电可靠率（RS-3）指扣除系统电源不足限电情况下的农网用户供电可靠率。其计算公式为

$$\text{农网用户供电可靠率}(RS-3)(\%)=\left(1-\frac{\text{农网用户平均停电时间-}\frac{\text{农网用户平均}}{\text{限电停电时间}}}{\text{统计期间时间}}\right)\times 100\%$$

（二）计算关系

（1）当年欠费=当年应收电费–当年实收电费

（2）期末陈欠电费=年初陈欠电费–回收陈欠电费

（3）当年电费回收率=当年实收电费/当年应收电费×100

（4）陈欠电费回收率=回收陈欠电费/年初陈欠电费×100

（5）供电安全模块：合计项等于各分项之和。

二、报表

（一）增加期别

登录规划计划信息管理平台（http://10.1.142.251/PowerInfo/bsp/jsp/login.jsp），依次点击“统计月报”→“农网报表”→“生产经营综合情况表”，如图 4–1 所示。然后点击“增加”按钮→输入对应的期别→点击“确认”按钮。

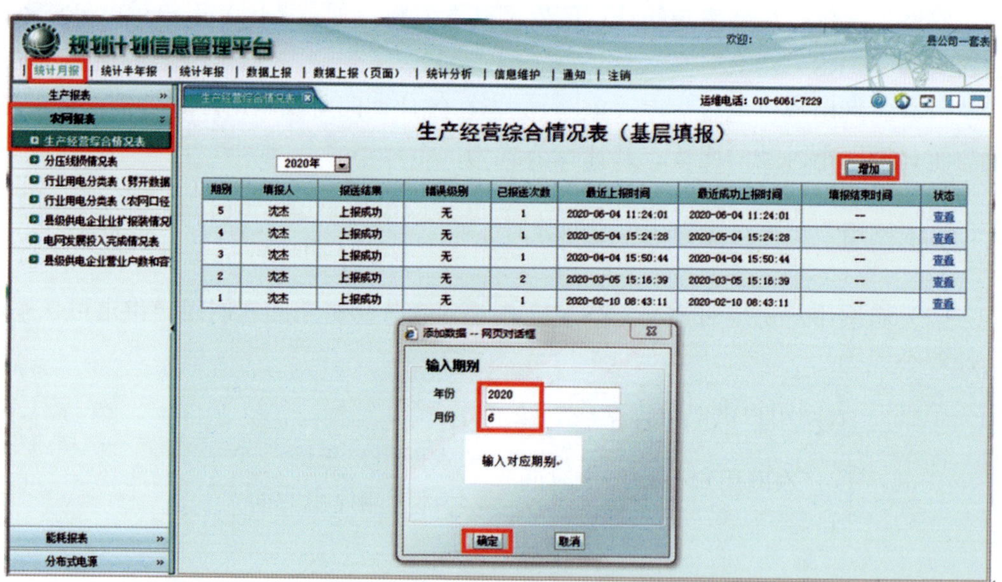

图 4–1　生产经营报表：增加期别

（二）数据填写

进入生产经营报表数据填写页面，如图 4–2 所示，表中数据需要手工录入和公式计算获取。在“本年值”一列中填写数据，其中黑色字体对应的为需要人工填入的数据，红色字体对应的为系统计算得到的数据。

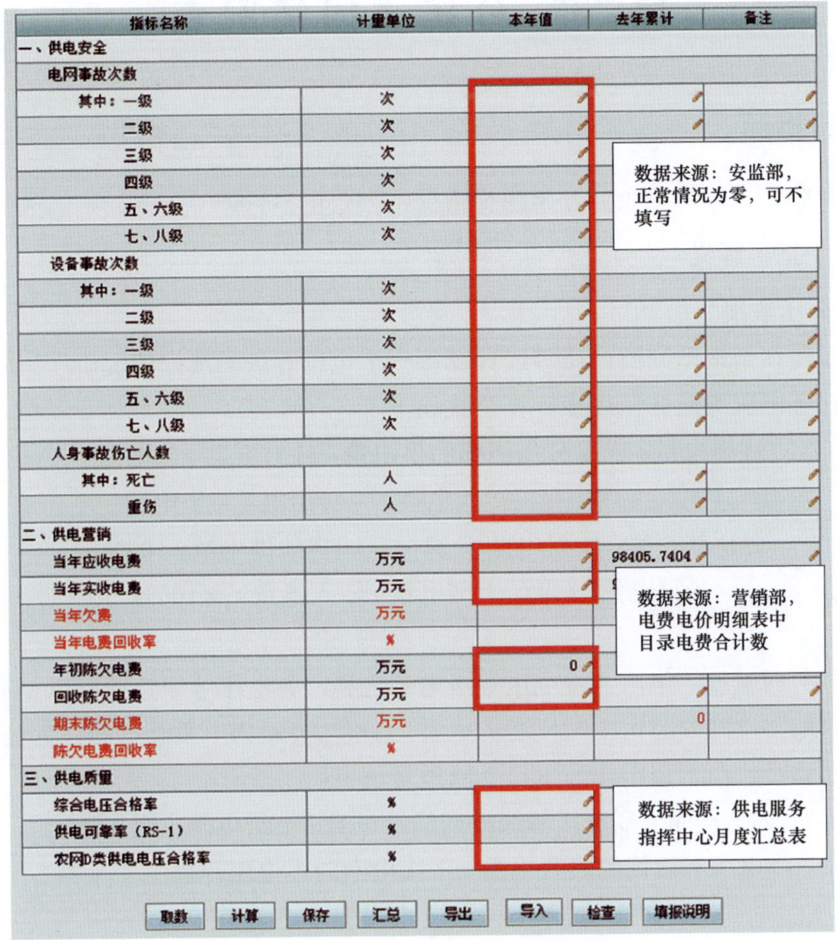

指标名称	计量单位	本年值	去年累计	备注
一、供电安全				
电网事故次数				
其中：一级	次			
二级	次			
三级	次			
四级	次			
五、六级	次			
七、八级	次			
设备事故次数				
其中：一级	次			
二级	次			
三级	次			
四级	次			
五、六级	次			
七、八级	次			
人身事故伤亡人数				
其中：死亡	人			
重伤	人			
二、供电营销				
当年应收电费	万元		98405.7404	
当年实收电费	万元			
当年欠费	万元			
当年电费回收率	%			
年初陈欠电费	万元	0		
回收陈欠电费	万元			
期末陈欠电费	万元		0	
陈欠电费回收率	%			
三、供电质量				
综合电压合格率	%			
供电可靠率（RS-1）	%			
农网D类供电电压合格率	%			

图 4-2　生产经营报表：数据填写

注意：

1. 供电安全数据一般情况下全部为 0，当出现安全事故时如实填写；

2. 供电营销中，通常当年应收电费 = 当年实收电费，当出现欠费时两者如实填写；

3. 所有数据均填入累计值。

（三）数据保存

所有数据填写完成后，依次点击“计算”→“保存”→“检查”。数据检查通过即完成填写。

第二节　分压线损情况表

一、指标

本表统计县级供电企业分压线损情况，为公司口径。

（一）指标释义

1. 分压线损

分压线损是按电网的电压等级计算每一个电压等级的线损情况。

统计各电压等级分压线损计算公式如下

线损电量=计算分压线损的供电量－转出电量－售电量=
（电厂上网电量+转入电量）－转出电量－售电量

分压线损率=线损电量/计算分压线损的供电量×100%=
线损电量/（电厂上网电量+转入电量）×100%

其中：

电厂上网电量：电厂上本电压等级电量之和，各电压等级数据可以相加合计；本地区内地方电网向公司主网反送的电量，当不与公司售电量互抵而作为公司购电量单独结算时，在本表中作为电厂上网电量填报；

转入电量=本电压等级外网输入电量+上级电网主变压器
本电压等级侧的输入电量+下级电网向本电压等级主变压器
输入电量（主变压器中、低压侧输入电量合计）

转出电量=本电压等级向外网输出电量+本电压等级主变向下级
电网输出电量（主变压器中、低压侧输出电量合计）+上级电网
主变本电压等级侧的输出电量

无损电量指由于出口计费（供、售计量点为同一点或同一母线）等原因而没有构成统计电能损耗的电量：

（1）电网公司跟电厂与电网公司跟用户结算的关口为同一计量点的电量为相应电压等级的无损电量。

（2）以变电站母线出线侧计量点作为售用户关口点的电量为相应电压等级的无损电量。

扣除无损电量后的线损率即为有损线损率，计算公式如下

有损线损率=线损电量/扣除无损电量后的计算分压线损的供电量×100%

=线损电量/（电厂上网电量+转入电量-无损电量）×100%。

分压线损统计起点为主变压器低（中）压侧，主变压器损耗计入高电压等级。即：10kV 及以下统计起点为主变压器 10kV 出口，主变压器出口表计不全的，可以将统计起点移至 10kV 母线出线侧，其他电压等级依次类推。

（二）计算关系

（1）线损电量=计算分压线损的供电量-转出电量-售电量=（电厂上网电量+转入电量）-转出电量-售电量

（2）线损率=线损电量/计算分压线损的供电量×100=线损电量/（电厂上网电量+转入电量）×100

（3）有损线损率=线损电量/扣除无损电量后的计算分压线损的供电量×100

=线损电量/（电厂上网电量+转入电量-无损电量）×100

二、报表

（一）增加期别

进入规划计划信息管理平台（http://10.1.142.251/PowerInfo/bsp/jsp/login.jsp），依次点击“统计月报”→“农网报表”→“分压线损情况表”→点击“增加”按钮→输入对应的期别→点击“确认”按钮，如图 4-3 所示。

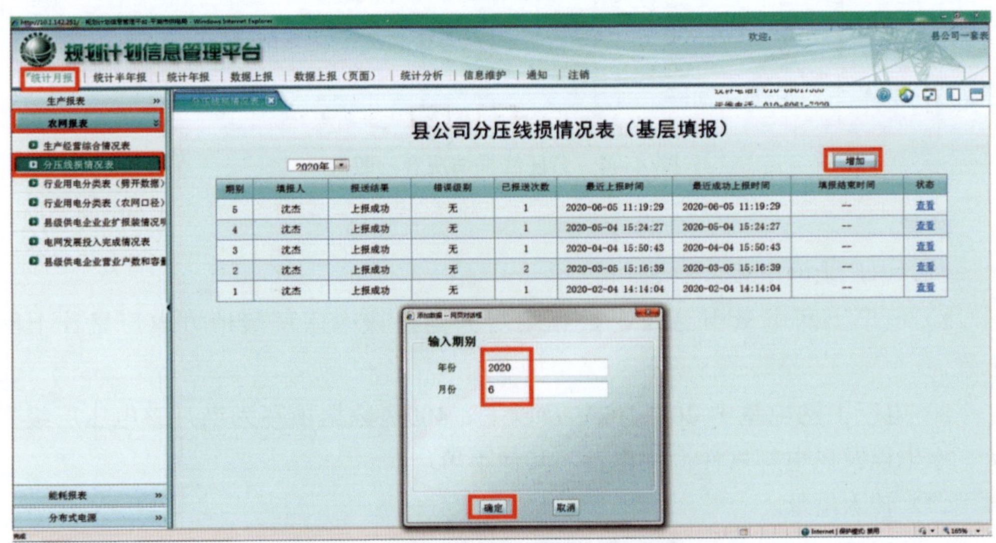

图 4-3　分压线损情况表：增加期别

（二）数据填写

本表数据需要系统取数、手工填写和公式计算共同获取。

首先进入分压线损情况表，点击“取数”→“保存”，从系统取得“本年度累计值”和“去年同期累计值”，如图 4-4 所示。完成取数后在“本月值”对应位置填写数据，有两种维护方法。

填写方法 1：在系统表格中直接填写。

填写方法 2：通过系统提供的模板填写。点击导出，在模板中对应位置填写数据，保存后再点击导入，将数据导入系统，如图 4-5～图 4-7 所示。

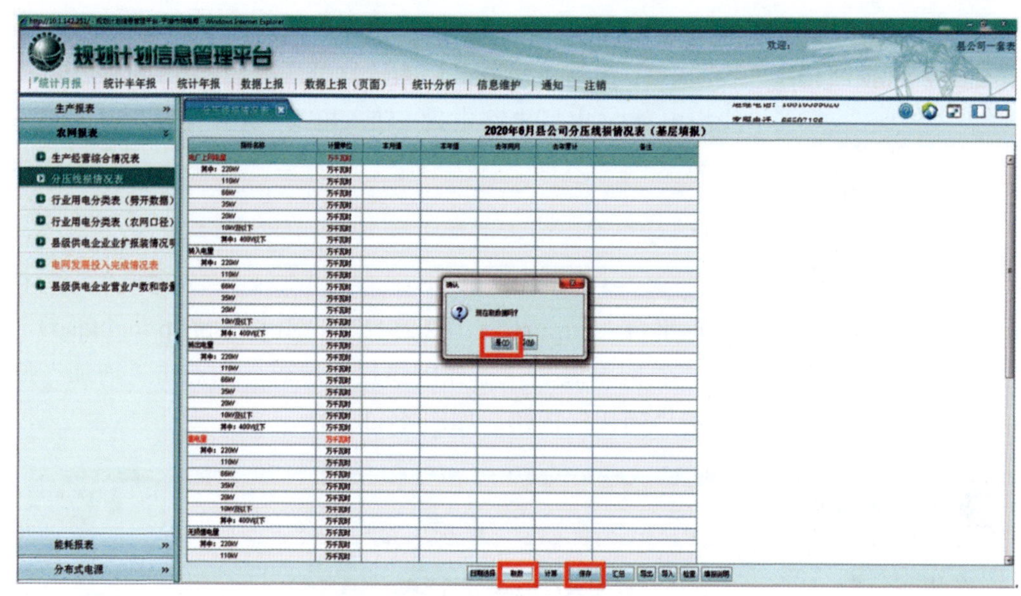

图 4-4　分压线损情况表：取数

注意：

（1）电厂上网电量。

1）电厂上网电量中 35kV 数据填写为当月该电压层级地方电厂累计上网电量。

2）电厂上网电量中 20、10kV 及以下、400V 数据填写为当月该电压层级光伏、水电以及风电等累计上网电量，其他不填。

（2）转入电量。

1）220kV－110kV 中各电压等级填写相对应的主变压器高压侧关口计量合

计电量值。

2）35kV 电压等级填写为 220kV 变电站 35kV 侧输出电量。

3）20KV 电压等级填写主变 20kV 侧关口合计数值。

4）10kV 及以下电压等级填写数据：主变压器 10kV 侧关口合计数值+20kV 转入 0.4kV 电量。

5）400V 电压等级数据：20/10kV 转入 400V 电量合计数，即所有低压台区关口电量总和。

（3）转出电量。

1）220kV—35kV 中各电压等级填写相对应的主变压器低压侧关口合计电量值及倒送上级电网电量值。

2）20kV：20kV 联络线路转出电量，转入 400V 电压层级电量，20kV 转 10kV 电量值以及倒送上级电量值之和。

3）10kV 及以下：10kV 联络线路转出电量，10kV 转 20kV 电量值以及倒送上级电量值之和。

（4）售电量数据中各电压等级数据填写对应的营销提供的电力销售明细表。

2	指标名称	指标代码	计量单位	本月值	本年值	去年同月	去年累计	备注	指标排序列
3	电厂上网电量	NW1001	万千瓦时	0	4587.9328	1133.352	4442.8557		4
4	其中：220kV	NW1002	万千瓦时		0	0	0		7
5	110kV	NW1003	万千瓦时		0	0	0		9
6	66kV	NW1008	万千瓦时		0	0	0		12
7	35kV	NW1004	万千瓦时		0	0	0		14
8	20kV	NW1009	万千瓦时		1939.9147	11.9327	114.1494		17
9	10kV及以下	NW1005	万千瓦时		2648.0181	1121.4193	4328.7063		19
10	其中：400V以下	NW1007	万千瓦时		786.3284		0		20
11	转入电量	NW2001	万千瓦时		96491.996	21742.1129	130194.0044		34
12	其中：220kV	NW2002	万千瓦时		0	0	0		37
13	110kV	NW2003	万千瓦时		93704.182	21023.86	125892.7735		39
14	66kV	NW2008	万千瓦时		0	0	0		42
15	35kV	NW2004	万千瓦时		2243.29	575.05	3506.055		44
16	20kV	NW2009	万千瓦时		17327.14	3821.06	23796.78		47
17	10kV及以下	NW2005	万千瓦时		75587.762	16557.8587	99564.3151		49
18	其中：400V以下	NW2007	万千瓦时		27516.3182		0		50
19	转出电量	NW3001	万千瓦时		0	0	0		64
20	其中：220kV	NW3002	万千瓦时		0	0	0		67
21	110kV	NW3003	万千瓦时		89571.33	19698.8038	119356.9152		69
22	66kV	NW3008	万千瓦时		0	0	0		72
23	35kV	NW3004	万千瓦时		1349.78	336.02	2121.9		74
24	20kV	NW3009	万千瓦时		0	0	0		77
25	10kV及以下	NW3005	万千瓦时		1449.268	200.892	1087.368		79
26	其中：400V以下	NW3007	万千瓦时		0		0		80
27	售电量	NW4001	万千瓦时	0	102567.7655	22863.2985	134275.6821		94
28	其中：220kV	NW4002	万千瓦时		0	0	0		97
29	110kV	NW4003	万千瓦时		3771.24	1244.98	6011.72		99
30	66kV	NW4008	万千瓦时		0	0	0		102
31	35kV	NW4004	万千瓦时		866.7774	315.0293	1316.3732		104
32	20kV	NW4009	万千瓦时		20124.9091	4540.9322	24543.8446		107
33	10kV及以下	NW4005	万千瓦时		77804.839	16762.357	102403.7443		109
34	其中：400V以下	NW4007	万千瓦时		27489.5221		0		110
35	无损售电量	NW5001	万千瓦时		0		0		124
36	其中：220kV	NW5002	万千瓦时		0		0		127
37	110kV	NW5003	万千瓦时		0		0		129

Sheet1

图 4–5　分压线损情况表：数据填写（一）

图 4-6　分压线损情况表：数据填写（二）

指标名称	指标代码	计量单位	本月值	备注	
电厂上网电量	NW1001	万千瓦时	1191.5481		
其中：220kV	NW1002	万千瓦时	0.0000		
110kV	NW1003	万千瓦时	0.0000		
66kV	NW1008	万千瓦时	0.0000		
35kV	NW1004	万千瓦时	0.0000		
20kV	NW1009	万千瓦时	18.3227		电厂上网电量
10kV及以下	NW1005	万千瓦时	1173.2254		电厂上网电量
其中：400V以下	NW1007	万千瓦时	231.1491		家庭光伏上网
转入电量	NW2001	万千瓦时	21663.3520		趸售结算
其中：220kV	NW2002	万千瓦时	0.0000		
110kV	NW2003	万千瓦时	20939.3580		各电压等级填写相对应的主变高压侧关口计量合计电量值
66kV	NW2008	万千瓦时	0.0000		
35kV	NW2004	万千瓦时	590.1700		220千伏变电站35千伏侧输出电量
20kV	NW2009	万千瓦时	4936.5960		主变压器20千伏侧关口合计数值
10kV及以下	NW2005	万千瓦时	15427.5020		主变压器10千伏侧关口合计数值+20千伏转入0.4千伏电量
其中：400V以下	NW2007	万千瓦时	4380.1429		20/10千伏转入400伏电量合计数，即所有低压台区关口电量总和
转出电量	NW3001	万千瓦时	0.0000		
其中：220kV	NW3002	万千瓦时	0.0000		
110kV	NW3003	万千瓦时	19757.7220		填写相对应的主变低压侧关口合计电量值及倒送上级电网电量值
66kV	NW3008	万千瓦时	0.0000		
35kV	NW3004	万千瓦时	258.2320		填写相对应的主变低压侧关口合计电量值及倒送上级电网电量值
20kV	NW3009	万千瓦时	0.0000		
10kV及以下	NW3005	万千瓦时	214.3200		10千伏联络线路转出电量，10千伏转20千伏电量值以及倒送上级电量值之和
其中：400V以下	NW3007	万千瓦时			
售电量	NW4001	万千瓦时	21770.3044		
其中：220kV	NW4002	万千瓦时	0.0000		
110kV	NW4003	万千瓦时	1136.3000		营销分压报表
66kV	NW4008	万千瓦时	0.0000		
35kV	NW4004	万千瓦时	321.7994		营销分压报表
20kV	NW4009	万千瓦时	4795.8942		营销分压报表
10kV及以下	NW4005	万千瓦时	15516.3108		营销分压报表
其中：400V以下	NW4007	万千瓦时	4437.0484		营销分压报表
无损售电量	NW5001	万千瓦时	0.00		
其中：220kV	NW5002	万千瓦时			

图 4-7　分压线损情况表：数据填写（三）

（三）数据保存

核对总线损值与相应电压等级的线损值是不是符合逻辑关系，是不是与填写统计报表值一致。所有数据填写完成后，依次点击“计算”→“检查”→“保存”。数据检查通过即可。

第三节　县级供电企业业扩报装情况明细表

利用县公司一套表中的累计完成新装、增容的用电户数和用电容量等数据，通过对比分析，可以得出新增用户及容量按电价分类的增速等情况，预测未来售电市场的增长点。从电价类别和电压等级等多个角度分析总量与其构成分量的关系，预计售电市场未来收入、均价、利润等关键指标的变化趋势。

一、指标

本表统计县级供电企业业扩报装情况明细情况，为公司口径。

（一）指标释义

业扩报装指标有：申请新装（或增容）、申请减容（或销户）等，每项指标可分为户数和容量。

按电压类别分：10kV 及以上（含 6kV）、10kV 以下；

按用电类别分：大工业、一般工商业及其他（非普工业、非居民、商业）、农业、居民、趸售、打水、大用户直接交易、其他；

按行业类别分：133 类行业。

按重点高耗能行业分：钢铁、电解铝、铁合金、水泥、电石、烧碱、黄磷、锌冶炼。

（1）本表中户数为用电户数，指报告期末供电企业依法与用电企业或自然人签订供用电合同的用电客户数量。

（2）累计申请新装（或增容）户数、容量：指报告期内供电企业受理客户用电申请业扩新装（或增容）户数、容量。

（3）累计完成新装（或增容）户数、容量：指报告期内供电企业完成用电客户申请业扩新增（或增容）户数、容量。

（4）累计申请减容（或销户）户数、容量：指报告期内用电客户提出并向供电企业申请办理减容（或销户）户数、容量。

其中，减容必须是整台或整组变压器的停止或更换小容量变压器用电。减容的期限最短不得少于六个月，最长不超过二年。在减容期内，供电局保留客户减少容量的使用权。减容期满后的用电客户以及新装、增容用电客户，二年内不得申办减容或暂停，如确需继续办理减容或暂停的，减少或暂停部分容量的基本电费应按百分之五十计算收取。

销户指用电客户向供电局提出申请永久性停止用电，解除供用电关系。用电客户需再用电时，按新装用电办理。

（5）累计完成减容（或销户）户数、容量：指报告期内供电企业完成用电客户申请办理减容（或销户）户数、容量。

（二）计算关系

（1）合计=按电价分类=按电压等级分类≠按高耗能产品分类

（2）其他合计项等于各分项（或者其中项）之和。

二、报表

（一）增加期别

进入规划计划信息管理平台，依次点击“统计月报”→“农网报表”→“县级供电企业业扩报装情况明细表”→点击“增加”按钮→输入对应的期别→点击“确认”按钮，如图 4-8 所示。

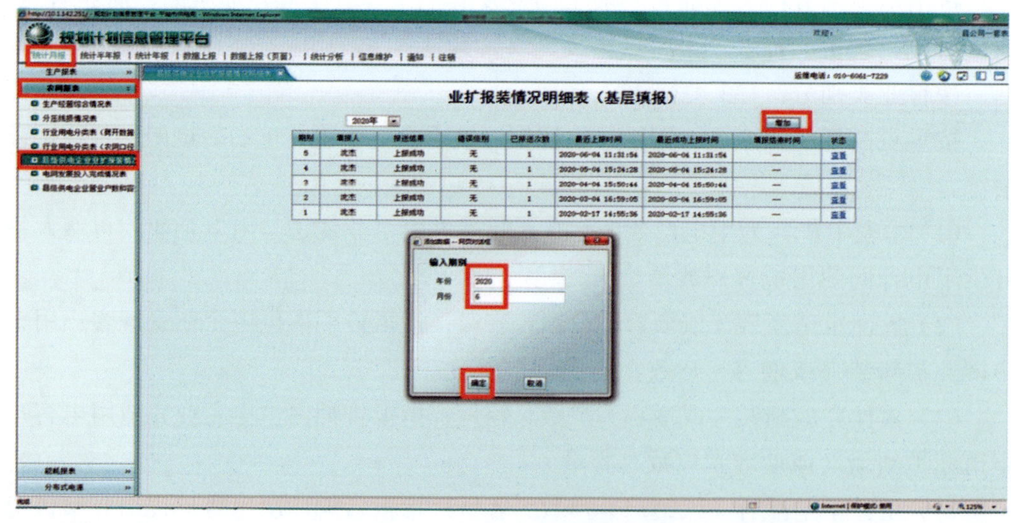

图 4-8　县级供电企业业扩报装情况明细表：增加期别

（二）数据填写

该表格需填写数据量较多，建议采用数据导入的方式填写，如图 4–9 所示。

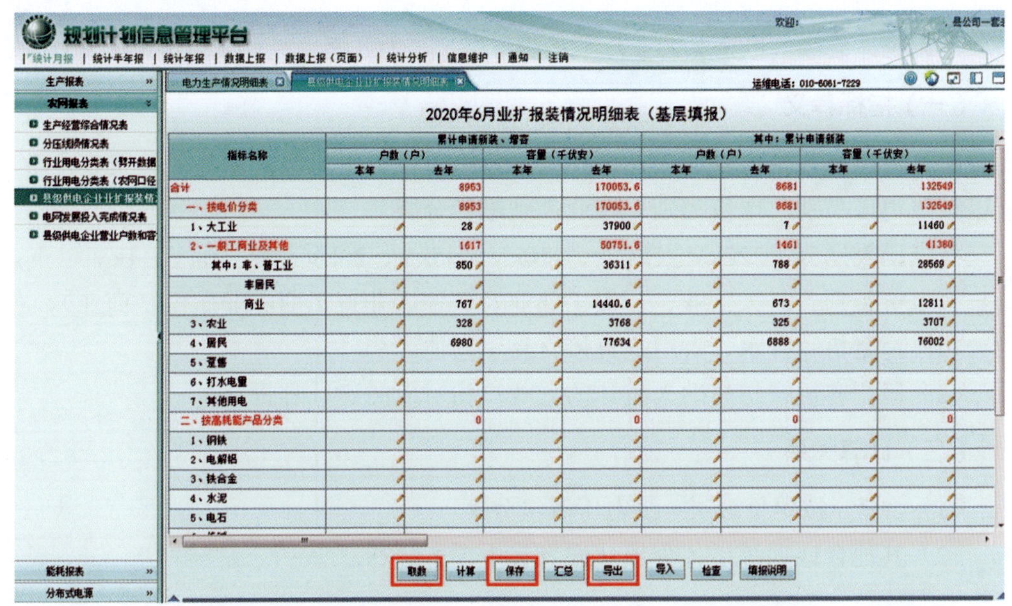

指标名称	累计申请新装、增容				其中：累计申请新装			
	户数（户）		容量（千伏安）		户数（户）		容量（千伏安）	
	本年	去年	本年	去年	本年	去年	本年	去年
合计		8953		170053.6		8681		132549
一、按电价分类		8953		170053.6		8681		132549
1、大工业		28		37900		7		11460
2、一般工商业及其他		1617		50751.6		1461		41380
其中：非、普工业		850		36311		788		28569
非居民								
商业		767		14440.6		673		12811
3、农业		328		3768		325		3707
4、居民		6980		77634		6888		76002
5、趸售								
6、打水电量								
7、其他用电								
二、按高耗能产品分类		0		0		0		0
1、钢铁								
2、电解铝								
3、铁合金								
4、水泥								
5、电石								

图 4–9　县级供电企业业扩报装情况明细表：数据填写

首先点击“取数”按钮，获取去年同期值，再点击“保存”→“导出”按钮，导出数据填写模板。本报表的数据来源为营销部提供的业扩报装表。

注意：

（1）在按电价分类中“一般工商业及其他”中的“非居民”数据填写为零或者不填写，将非居民的数据并入“非、普工业”中，保证合计数一致。

（2）累计申请新装、增容”“累计完成新装、增容”“累计申请减容、销户”和“累计完成减容、销户”中的数据分别是两者合并之后的合计数据。

（3）所有数据填写保留整数。

（4）“按电价分类”和“按电压等级分类”的合计总数必须保持一致。

（三）数据保存

点击“导入”按钮，将处理好的表格导入系统，依次点击“计算”→“保存”→“检查”按钮，数据检查通过即可。

第四节　县级供电企业营业户数和容量情况表

一、指标

本表统计县级供电企业营业户数和容量情况，为公司口径，数据为月度累计值。

（一）指标释义

（1）营业户数指报告期末，按不同销售电价进行电量电费结算的计费客户数。可以按照电压类别、电价类别、行业类别进行分类。

按电压类别分：220kV 及以上、110kV、35kV、20kV、1～10kV、1kV 以下；

按电价类别分：大工业、一般工商业及其他（非普工业、非居民、商业）、农业、居民、趸售、打水、大用户直接交易、其他。

（2）运行容量：指与纳入统计的营业户相对应的运行容量。

（二）计算关系

（1）合计=按电价分类=按电压等级分类。

（2）其他合计项等于各分项（或者其中项）之和。

二、报表

（一）增加期别

进入规划计划信息管理平台→点击“统计月报”→“农网报表”→“县级供电企业营业户数和容量情况表”→点击“增加”按钮→输入对应的期别→点击“确认”按钮，如图 4–10 所示。

（二）数据填写

该表格的数据来源为营销部提供的供电企业营业户数和容量情况表。

该表格需填写数据量较多，建议采用“数据导入”的方式填写，如图 4–11 所示。点击“取数”按钮，从系统获取上年同期累计值数据，再一次点击“保存”→“导出”按钮，导出数据填写模板。

注意：

（1）在按电价分类中“一般工商业及其他”中的“非居民”数据填写为零或者不填写，将非居民的数据并入“非、普工业”中，保证合计数一致。

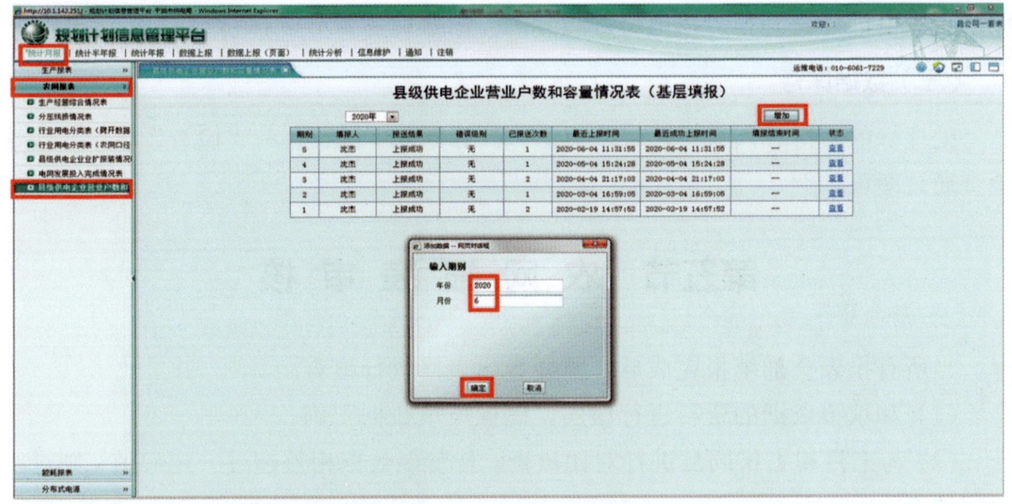

图 4-10　县级供电企业营业户数和容量：增加期别

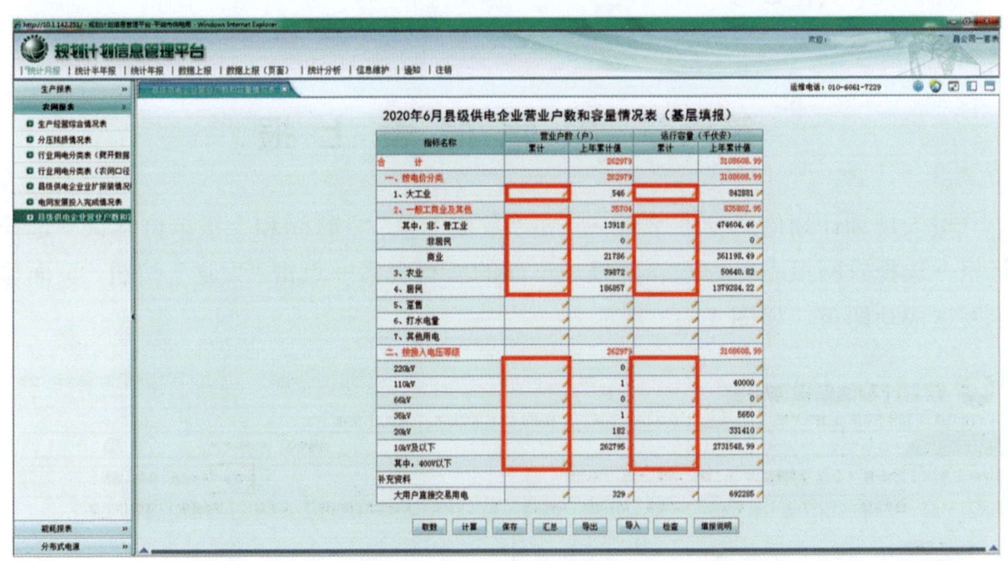

图 4-11　县级供电企业营业户数和容量：数据填写

（2）“按接入电压等级”中的“10kV 及以下”的数值＝数据源中“10kV”＋“10kV 以下”对应数值。

（3）所有数据都为整数，其中运行容量注意单位换算，营销提供的表格为 MVA，需要转换为 kVA。

（4）按电价分类中“大用户直接交易”数据根据营销提供进行填写，涉及的用户数和运行容量需要在“大工业”和“一般工商业及其他”中对应的类别中去除，保证“按电价分类”和“按电压等级分类”的合计总数必须保持一致。

（三）数据保存

处理好的表格导入系统，依次点击“计算”→“保存”→“检查”按钮，数据检查通过即可。

第五节 农网报表审核

当所有报表全部填报完成后，需要导出表格进行核查。

（1）和填报依据的资料进行核实，确保所填数据正确。

（2）与上月和去年同月进行对比核查，若发现数据相差超过一定幅值，则进行原因核查。

（3）核查关键数据一致性。

（4）核查有无漏报数据。

第六节 农网报表上报

进入规划计划信息管理平台→点击“数据上报”→时间和上报单位默认→选择月报→选择农网报表→勾选农网报表下面的所有表格→点击“发送”按钮，页面显示发送成功即可，如图 4-12 所示。

图 4-12　农网报表报送

第五章 投 资 月 报

固定资产投资统计主要反映投资的规模、结构和效益等状况，是国民经济核算的重要基础，是国家制定宏观经济政策的重要依据。电力作为重要的基础能源行业，其固定资产投资统计是全社会固定资产投资统计的重要组成部分。

投资统计包括投资额统计、投资资金来源统计、新增电力固定资产统计、新增电力生产能力统计和房屋建筑面积统计。对于地市（县级）供电公司，投资统计主要包括投资额统计和新增电力生产能力统计。

第一节 投 资 统 计 概 述

一、资产性质分类

供电公司资产按性质可分为固定资产和非固定资产。

固定资产是指为生产商品、提供劳务、出租、经营或管理而持有，使用期限在一年以上、价值达到一定标准的房屋及建筑物、机器、机械、运输工具以及其他与生产、经营有关的设备、器具、工具等。固定资产作为劳动资料或劳动手段，有些直接参加生产过程，把劳动者的劳动传导到劳动对象上去，如机器设备等；有些在生产过程中起着辅助作用，如运输工具等；有些作为生产的必要条件存在，如房屋、建筑物等。在全社会范围内，固定资产不断地被消耗，又不断被重新生产。

非固定资产是指没有固定资产特征的可以流动的资产，未作为固定资产管理的工具、器具等，一般作为低值易耗品核算。

二、固定资产投资统计

固定资产投资是建造和购置固定资产的经济活动，包括固定资产更新（局部更新和全部更新）、改建、扩建和新建等活动。固定资产投资是国民经济再生产活动的一个重要部分。通过固定资产投资，可以增加全社会固定资产总量，扩大社会再生产的规模，提高社会生产技术水平，调整经济结构，改变生产力布局，增强国家经济实力，提高和改善人民物质和文化生活水平。固定资产投资属于实物投资，其目的是建造和购置固定资产，它的承担物表现为机器、设备、建筑物等固定资产。

固定资产投资统计是反映固定资产投资活动的一项专业统计，它在质和量的密切联系中研究固定资产投资活动的数量关系，探索和认识固定资产投资经济活动的规律性。现行的国家统计制度规定，全社会固定资产投资统计范围按管理渠道可分为基本建设投资、更新改造投资、房地产开发投资和其他固定资产投资四类。

三、电力固定资产投资统计

（一）电力固定投资投资统计对象

电力固定资产投资是电力企业建造和购置固定资产的经济活动，即固定资产再生产活动。电力固定资产再生产过程包括电力企业固定资产更新（局部和全部更新）、改建、扩建、新建等活动。

电力固定资产投资统计是固定资产投资统计的重要组成部分。电力固定资产投资统计是对电力固定资产再生产过程数量方面的统计，研究一定时期内电力固定资产投资的规模、结构、速度和效果等发展变化的数量关系，探索和认识电力固定资产投资经济活动的发展规律。电力固定资产投资统计也是国家统计电力供应行业类别投资的重要组成部分。

电力固定资产投资统计是以电力企业固定资产再生产过程的经济现象为统计对象，包括各种建造和购置固定资产的经济活动，从建设准备开始，经过建筑施工、设备安装、建成投产，直至投产后投资回收的全过程。主要包括固定资产投资额统计、固定资产投资资金来源统计、新增固定资产统计、新增生产能力统计、房屋建筑面积统计和专项投资统计等内容。

（二）电力固定投资投资统计范围

电力固定资产投资统计范围是指进行电力基本建设投资、电力更新改造投资和其他固定资产投资活动的单位。

电力基本建设投资统计范围一般是指经过批准在一个总体设计或初步设计范围内进行建设，经济上实行统一核算，行政上有独立组织形式，实行统一管理的基本建设单位。电力基本建设项目一般是由设计文件规定的若干个有内在联系的单项工程所组成，如发电厂项目可由电厂本体工程和附属电厂项目的铁路专用线、装配车间、仓库、生产办公用房等组成。电网基本建设项目如某输变电项目可由变电站和变电站进出线等组成。

电力更新改造投资统计范围一般是指是经批准具有独立设计文件（或项目建议书）的、对原有设施进行固定资产更新和技术改造（包括相应配套工程）的单位（修理和维护工程除外）。

其他固定资产投资统计范围是指进行除电力基本建设投资、电力更新改造投资以外固定资产投资活动的单位。

（三）国家电网公司固定资产投资统计范围

国家电网公司固定资产投资统计范围包括：基本建设（含电源建设、电网基建、产业基建和电网小型基建投资），技术改造投资（含生产技术改造、生产辅助技术改造和产业技术改造投资），其他固定资产投资（含零星购置、电力营销投入（资本性）、电网信息化（资本性））活动的单位。

第二节　电力建设项目基本属性

一、建设项目概述

（一）建设项目的概念

建设项目是指按照一个总体设计进行施工，以建造和购置固定资产为目的，由一个或若干个具有内在联系的工程所组成的工程总体。通常以一个具有总体设计的工程作为一个建设项目，该工程一般具有独立的概算，可能包括若干个单项工程，这些单项工程均是其整体的一部分。凡属于一个整体设计中的主体工程，及其相应的附属配套工程、综合利用工程、环境保护工程、供水供电工程等，作为一个建设项目。例如，一个输变电工程，包含本变电站新建工程、对侧变电站至本变电站线路工程、对侧变电站对应出线间隔扩建工程，应将该输变电工程作为一个建设项目。

此外，建设项目应该与固定资产投资活动相联系，一个项目的主体应该是建造和购置固定资产的活动，项目投资中包含的其他各种费用必须是因建造和购置固定资产而产生。如果一个项目从开始施工到完工都没有形成固定资产，该项目不应作为固定资产投资项目上报。

（二）建设项目的性质

建设项目的建设性质是指固定资产再生产的性质，一个建设项目只能有一种建设性质。按建设性质分类的建设项目，是反映固定资产再生产种类、比较投资效果、进行固定资产投资管理的重要指标，主要有以下几个分类：

1. 新建

建设项目的新建一般是指从无到有，“平地起家”新开始建设的项目或独立工程。如果原有基础很小，经过建设后新增的固定资产价值超过该单位原有固定资产价值（原值）三倍以上的，也应作为新建。例如，新建输变电工程、新建配网线路等均属于新建项目。

2. 扩建

建设项目的扩建是指在现有生产能力或效益的基础上，为了增加原有产品或新产品的生产能力和效益而投资建设的项目。例如，某 110kV 变电站第 3 号主变压器扩建工程属于扩建项目。

3. 改建和技术改造

建设项目的改建和技术改造是指对原有设施进行技术改造或更新（包括相应配套的辅助生产、生活福利设施）的建设项目。例如，电网企业的更换倍容量导线、节能型变压器等建设项目即为技术改造项目。

4. 迁建

建设项目的迁建是指为改变生产能力布局，或者由于城市环境保护和安全生产的需要等原因，而搬迁到异地建设的建设项目。不管迁建规模是原有规模迁移，还是扩大规模迁移或缩小规模迁移，均应列入迁建项目。例如，某充电桩迁建工程属于迁建项目。

5. 恢复

建设项目的恢复是指因不可抗拒的自然灾害、战争等原因，使原有固定资产全部或部分报废，以后又投资恢复建设的项目。不论是按原规模恢复，还是在恢复的同时进行扩建的，都按项目恢复统计。尚未建成投产或交付使用的基本建设项目，因上述原因而损坏重建的，不作为恢复项目，仍按原建设性质划分。

6. 单纯建造生活设施

单纯建造生活设施的项目，是指不扩建（改建）生产性工程和业务用房的情况下，单纯建造职工住宅、医务室、浴室、食堂等生活福利设施的项目。

7. 单纯购置

单纯购置项目是指单纯购置不需要安装的设备、工器具，并且不进行工程建设的项目。单纯购置项目不划分建设性质，也不计算施工和投产项目个数，在统计报表中单独列出，只核算和上报投资完成额和新增固定资产。有些建设单位或项目在报告期仅有一些购置活动，但其设计规定中有建筑安装活动，应根据设计文件来确定建设性质，不作为单纯购置。

（三）建设项目的组成

根据编制建设项目概（预）算、制定计划以及统计、会计核算的需要，建设项目一般划分为单项工程、单位工程和分部、分项工程。

1. 单项工程

单项工程是指有独立设计文件，建成后能独立发挥效益或生产设计规定产品的生产车间（联合企业的分厂）、生产线或独立工程等。单项工程是固定资产投资项目的组成部分，也是划分工程用途、计算新增固定资产价值和新增生产能力（或效益）的依据。例如，浙江嘉兴海盐 110kV 庆丰输变电工程中的庆丰 110kV 变电站新建工程、海塘～庆丰 110kV 线路工程都是单项工程。

2. 单位工程

单位工程是指单项工程中具有独立施工条件的工程，是单项工程的组成部分。在一个单项工程中，凡是具有能够独立施工条件或独立发包条件的工程，可分为一个单位工程。在实际统计工作中，根据组织施工和编制工程预算的要求，按照工程的性质，通常将一个单项工程划分为若干个单位工程。例如，变电工程中的主控楼建筑、主变安装等均属于单位工程。

3. 分部、分项工程

分部工程是单位工程的组成部分，是按照建设安装工程的结构、部位或工序对单位工程的进一步划分。例如，主控楼建筑可分为土方工程、打桩工程、砖石工程、混凝土及钢筋混凝土工程、木结构工程、装饰工程等。

分项工程是分部工程的组成部分，一般是按不同的施工方法，不同的材料、不同的规格划分。例如，砖石工程分为砖基础、砖内墙、砖外墙等分项工程。

分部、分项工程是编制施工预算，制定检查施工作业计划，核算工料费的依据，也是统计工程实物量，计算施工产值和投资完成额的基础。

二、建设项目的建设阶段

建设项目的各阶段是指项目从策划到投入使用整个建设过程中，各项工作所必须遵守的先后次序，这个先后次序反映了建设工作各个环节所固有的客观规律和经济规律，是建设项目科学决策和顺利进行的重要保证。

建设项目按照先后次序一般分为四个阶段：投资决策阶段、准备阶段、实施阶段和投产运营阶段。各阶段对应的工作内容和取得成果关系如图 5-1 所示。

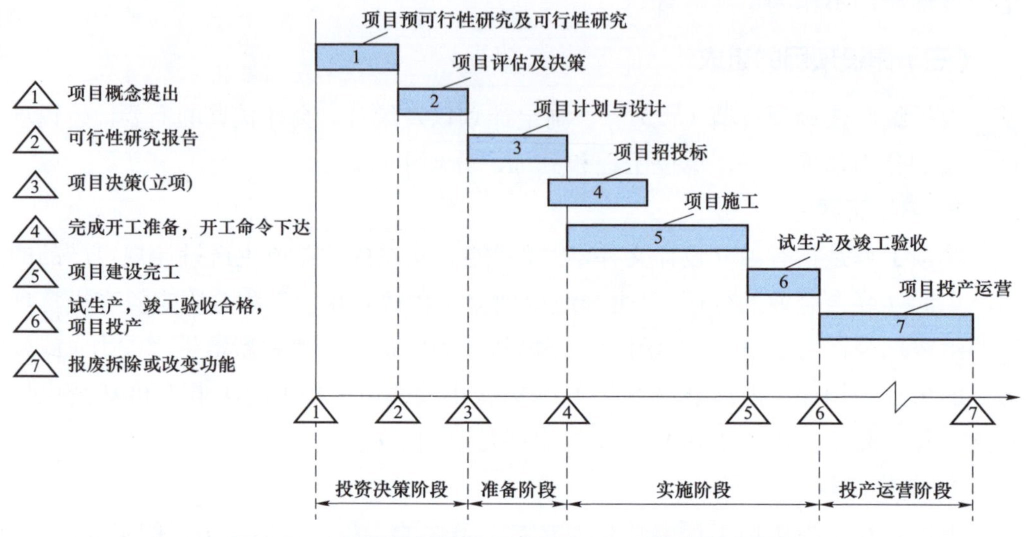

图 5-1　建设项目各阶段工作内容和取得成果关系图

（一）投资决策阶段

投资决策阶段的主要工作包括：投资机会研究、初步可行性研究、可行性研究、项目评估及决策等。该阶段的主要任务是对工程项目投资的必要性、可行性，以及何时投资、在何地建设、如何实施等重大问题，进行科学论证和多方案比选，并对项目投资建设的必要性和可行性进行分析论证，做出科学决策。

国家对投资项目立项实行审批管理、核准管理或备案管理。对于政府投资项目（包括：各种国家预算投资项目、各类专项建设基金项目、统借国外贷款项目等），实行审批管理；企业投资项目，对关系国家安全、涉及全国重大生产力布局、战略性资源开发和重大公共利益等项目，实行核准管理；实行核准管理以外的其他企业投资项目，均实行备案管理。

（二）准备阶段

准备阶段的主要工作包括：工程项目的设计、监理招标，初步设计及审查，物资招标和施工图设计，施工招标及签订相关合同等。本阶段是决策的具体化，在很大程度上决定了工程项目实施的成败及能否高效率地达到预期目标，工作重点是准备和安排项目所需的新开工条件。

工程项目的设计过程一般分初步设计、施工图设计两个环节，对于大型复杂项目，可根据不同行业的特点和需要，在初步设计之后增加技术设计环节。如果初步设计提出的总概算超过可行性研究报告投资估算一定限额以上或其他主要指标需要变动时，要重新报批可行性研究报告。初步设计经主管部门审批后，建设项目被列入固定资产投资计划，方可进行下一步的施工图设计。

根据国家相关要求，各类投资项目开工建设必须符合以下条件：

（1）符合国家产业政策、发展建设规划、土地供应政策和市场准入标准。

（2）已经完成审批、核准或备案手续。实行审批制的政府投资项目已经批准可行性研究报告，其中需审批初步设计及概算的项目，已经批准初步设计及概算；实行核准制的企业投资项目，已经核准项目申请报告；实行备案制的企业投资项目，已经完成备案手续。

（3）规划区内的项目选址和布局必须符合城乡规划，并依照《中华人民共和国城乡规划法》的有关规定办理相关规划许可手续（建设用地规划许可证、建设工程规划许可证）。

（4）需要申请使用土地的项目必须依法取得用地批准手续，并已经签订国有土地有偿使用合同或取得国有土地划拨决定书。其中，工业、商业、旅游、娱乐和商品住宅等经营性投资项目，应当依法以招标、拍卖或挂牌出让方式取得土地。

（5）已经按照建设项目环境影响评价分类管理、分级审批的规定完成环境影响评价审批。

（6）已经按照规定完成固定资产投资项目节能评估和审查。

（7）建筑工程开工前，建设单位依照建筑法的有关规定，已经取得施工许可证或者开工报告，并采取保证建设项目工程质量安全的具体措施。

（8）符合国家法律法规的其他相关要求。

例如：2020 年，浙江嘉兴某 220kV 输变电项目在取得项目核准和可行性研究批复后，根据建设计划，开展项目准备工作具体如下：

1）成立业主项目部，进行项目管理策划。

2）组织设计、监理招标，签订相关合同。

3）组织初步设计，完成初设审查并取得初设审查批复。

4）办理取得建设用地规划许可证、建设工程规划许可证。

5）组织物资、施工招标，签订相关合同。

6）施工图报送政府审图中心审查。

7）办理质量监督申报手续、办理建设工程施工许可证。

8）落实“四通一平”（水通、电通、路通、通信通、场地平整）。

9）落实工程开工条件和提出开工备案。

该输变电工程项目准备阶段主要工作流程如图 5-2 所示。

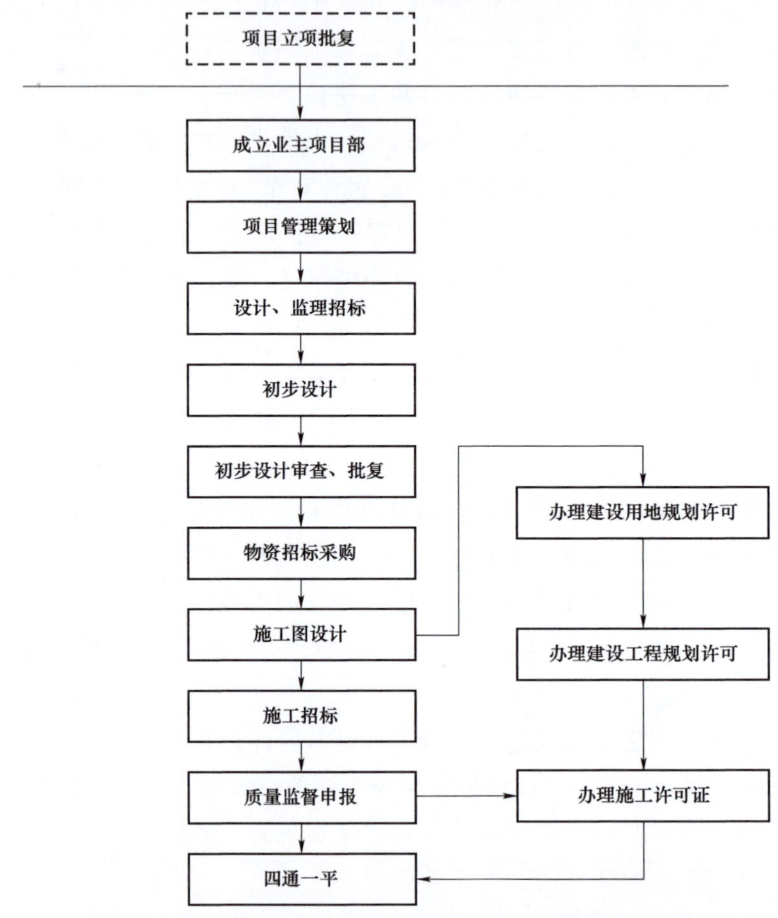

图 5-2　某 220kV 输变电项目准备阶段主要工作流程

（三）实施阶段

实施阶段项目单位要按照项目前期审核批复内容及要求，依法组织项目建设实施，并加强工程质量和安全管理，加强项目建设实施全过程监管，大力推行项目法人责任制、资本金制、招标投标制、工程监理制、合同管理制等。实施阶段的主要工作包括：工程项目施工、试运行、竣工验收等。工程项目试运行正常并经业主验收后，工程项目实施阶段即告结束。本阶段在工程项目建设中工作量最大，投入的人力、物力和财力最多，工程项目管理的难度也最大。

例如：2020 年，某 220kV 输变电项目落实开工条件后，开展项目建设，协调设计、物资、施工等实施单位，同时负责管理建设项目合同、进度、安全、质量、技术、档案、造价、建设协调等方面，该输变电项目实施阶段主要工作流程如图 5–3 所示。

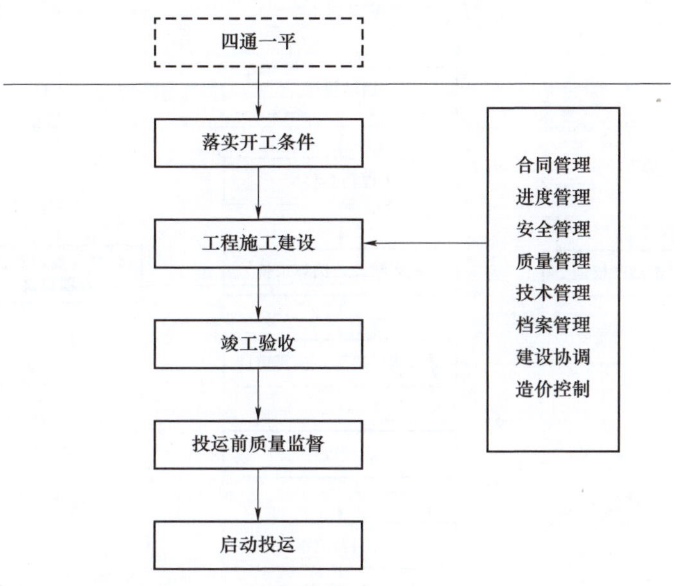

图 5–3　项目实施阶段主要工作流程

（四）投产运营阶段

建设项目经竣工验收合格或达到竣工验收标准，正式移交生产或交付使用后，项目进入投产运营阶段。该阶段工作主要由业主单位自行完成或成立专门的项目公司承担。

由于项目在建成投产后因设备调试、生产组织、操作人员的熟练程度、市场开发等原因，不可能立即完全达到设计生产能力，因此，常将投产运营阶段划分为试运行和投产正式运行两个阶段。

试运行阶段是指项目投入运行，但生产能力尚未完全达到设计能力时的过渡阶段。投产正式运行阶段是指生产运营达到设计预期水平后的时间，正式运行终结点一般应根据项目主要设备的经济使用寿命期确定。

投产运营阶段应积极推进投资项目后评价制度，项目后评价一般在项目竣工验收并运行一段时间以后进行，通过对项目实施过程、结果及其影响进行调查研究和全面系统回顾，与项目决策时确定的预期目标以及技术、经济、环境、社会等相关指标进行对比，找出差别和变化，分析原因、总结经验教训，通过信息反馈，提高电力建设项目的投资决策和管理水平，促进后续项目投资效益的提高。

例如：2020 年，某 220kV 输变电工程项目投产后，办理工程审计、结算，进行资料搜集归档，优质工程评优等工作。该项目投产运营阶段主要工作流程如图 5-4 所示。

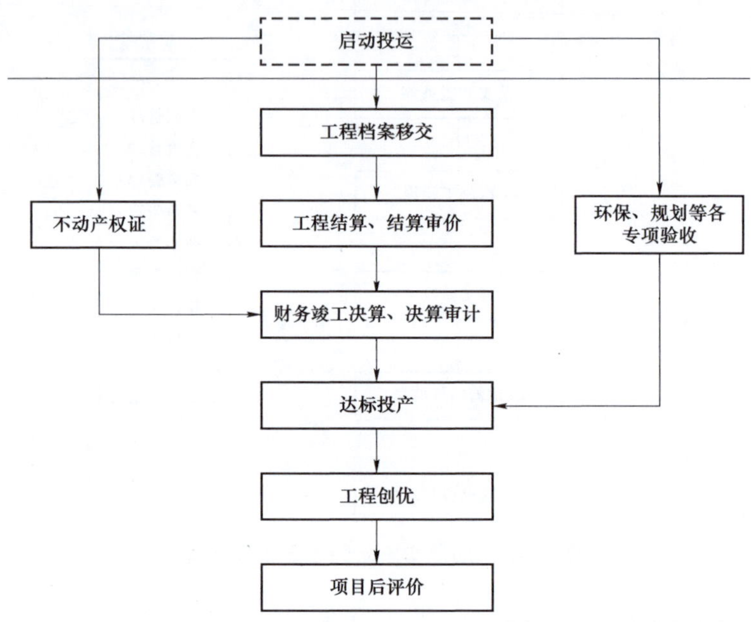

图 5-4　投产运营阶段主要工作流程

三、建设项目统计的主要内容

（一）建设项目统计的主要建设阶段

建设项目统计主要从项目准备阶段开始，包括以下建设阶段：

1. 筹建项目

筹建项目是指报告期内正在进行建设前期筹备工作，但尚未正式开始施工的项目。建设规模较大的项目，在正式开工前，经批准可以设立专门的筹建机构，为建设做准备工作。准备工作包括研究和论证建设方案，组织审核设计文件和造价文件，订购设备、材料，办理征地拆迁和平整场地等。根据有关规定，只有成立专门筹建机构（如项目指挥部），并且财务可以独立核算，才可以按筹建项目报送投资报表，计算固定资产投资完成额。但筹建项目不计算施工项目个数，不能报送建设用地费。建设用地费只有在项目正式开工时才能报送。不能满足成立筹建机构和独立核算两个条件的项目，只有在项目正式开工时才能上报投资报表。

2. 施工项目

施工项目是指报告期内进行建筑或安装施工活动的项目。凡是报告期内进行过施工的项目，不论施工时间长短，均作为施工项目统计。施工项目个数反映一定时期固定资产投资的实际规模，与同期建成投产的建设项目个数相比，可以从建设速度的角度反映固定资产投资的效果。

3. 全部竣工项目

全部竣工项目是指整个建设项目按设计文件规定的主体工程和辅助、附属工程全部建成，并已正式验收移交生产或使用部门的项目。建设项目的全部竣工是建设项目建设过程全部结束的标志。

（二）建设项目的期末建设状态

建设项目的期末建设状态可分为在建、全部投产和全部停缓建三种。

1. 在建

在建是指建设项目在报告期尚未建成投产，处于建设阶段。包括本期末施工项目，也包括以前年度施工结转到本期末尚未完工的建设项目。

2. 全部投产

全部投产是指建设项目按计划规定的生产能力（或效益）在报告期内全部建成，经验收合格或达到竣工验收标准，且已投入运行。

3. 全部停缓建

全部停缓建是指建设项目在报告期内经批准并已收到全部停缓建通知。包括为减少工程损失，可将工程做到一定进度而继续施工或者对已到设备进行安装维护的停缓建项目。

（三）建设项目的主要时间节点

建设项目的主要时间节点，主要包括开工时间、投产时间、全部竣工时间、停缓建时间等。

1. 开工时间

开工时间是指项目开始建设的年月。按照建设项目设计文件中规定的永久性工程第一次开始施工的年月填写。如果没有设计，按计划方案规定的永久性工程实际开始施工的年月填写。该指标是计算建设项目工期和一定时期内施工项目个数的依据。

建设项目永久性工程的开工时间，一般指永久性工程正式破土开槽开始施工的时间，作为建筑物组成部分的正式打桩也算为开工。此前的准备工作，如工程地质勘察、平整场地、旧有建筑物的拆除、临时建筑、施工用临时道路、水、电等工程均不算正式开工。总体设计内的工程开工之前，用迁移补偿费先进行拆迁还建工程的项目不算正式开工。没有土建工程的项目，开工时间填写安装工程开始施工的时间。部分项目等需要进行大量土、石方工程的项目，开工时间按开始进行土、石方工程的时间填写。以前年度全部停缓建在本年复工的项目，仍按设计文件中规定的永久性工程第一次正式开工的年月填报，不按复工的时间填报开工时间。

2. 投产时间

投产时间是指建设项目按设计文件中规定的生产能力（或效益）全部或部分建成，经验收鉴定合格或达到竣工验收标准，正式移交生产或交付使用的时间。建成投产时间是计算建设工期和投产项目个数的依据。建成投产时间分为全部投产时间和部分投产时间以及单项工程建成投产时间。

3. 全部竣工时间

全部竣工时间是指建设项目设计文件规定的全部工程实际完工的时间。它是计算全部竣工项目个数的依据。

4. 停缓建时间

停缓建时间是指经上级机关批准并规定在不再建设或在短期内全部或部分停止建设的项目接到正式停缓建通知，并已实际停缓建的时间，停缓建时间是计算停缓建项目个数的依据。停缓建时间可分为全部停缓建和部分停缓建时间。

（四）建设项目统计的几个重要概念

1.“全部投产项目”与“全部竣工项目”的区别

全部投产项目只要求设计文件所规定的生产能力（或主体工程）及其相应配套的辅助设施已全部建成，形成建设文件规定的全部生产能力（或效益），并经过验收鉴定合格，移交生产或使用部门，在不影响近期正常生产或使用的前提下，允许留有少量收尾工程在投产之后继续施工。而全部竣工项目则要求设计文件中规定全部工程（包括移交生产或使用后遗留的收尾工程）全部竣工。

2. 建设项目的估算、概算、预算、结算和决算

在建设项目的不同阶段，项目投资有估算、概算、预算、结算和决算等，其依据和作用均不同，准确性也“渐进明细”，逐步真实地反映项目实际投资。

在项目建议书和可行性研究时编制的投资估算简称估算。估算的依据是项目规划方案，对工程项目可能发生的工程费用（含建筑工程、安装工程和设备等）、其他费用、基本预备费用和建设期利息进行计算，用于计算项目投资规模和融资方案选择，便于项目投资决策部门参考。估算时要准确而全面地计算工程建设其他费用，该费用地区性和政策性较强。

在项目初步设计时编制的设计概算简称概算。概算是根据设计方案，通过编制工程概算文件预先测算和确定的工程造价。与投资估算相比，概算的准确性有所提高，但受投资估算的限制。概算一般又可分为建设项目概算总造价、各个单项工程概算综合造价、各单位工程概算造价。

在项目施工图设计时编制的施工图预算简称预算。预算是根据施工图纸，通过编制预算文件，汇总项目的人、材、机的预算，预先测算和确定工程造价。预算比概算更为详尽和准确，但同样要受前一阶段概算限制。

在项目实施过程中或竣工验收时编制的竣工结算简称结算。结算是按照合同调价范围和调价方法，对实际发生的工程量增减、设备和材料价差等进行调整后计算和确定的价格，反映的是工程项目实际造价。结算价一般由承包单位编制，由发包单位审查，也可委托具有相应资质的工程造价咨询机构进行审查。

在项目竣工验收后编制的财务决算简称决算。决算是以实物数量和货币指标为计量单位，综合反映竣工项目从筹建开始到项目竣工交付使用为止的全部建设费用。决算一般由项目法人单位编制或委托编制，并上报相关主管部门审查。一般情况下建设项目决算不能超过预算、预算不能超过概算、概算不能超过估算。

第三节 投资额统计

一、固定资产投资额概述

（一）固定资产投资额概念

固定资产投资额（又称固定资产投资完成额）是以货币形式表现的，在一定时期内建造和购置固定资产的工作量，以及与此有关的费用的总称。它是反映固定资产投资规模、结构和发展速度的综合性指标，又是观察工程进度和考核投资效果的重要依据。固定资产投资活动的内容丰富，这些不同工作内容的数量不可能用实物单位来加以汇总，所以必须以价值作为尺度来表现固定资产投资过程中的工作成果。

（二）固定资产投资额统计意义

正确计算固定资产投资额指标，对于经济管理和经济研究有着重要的现实意义。主要表现在：

（1）固定资产投资额是整个国民经济管理的重要依据。固定资产投资与国家财政管理、信贷管理和物资管理以及工农业生产管理密切相关，是带动国内生产总值增长的三驾马车之一。

（2）固定资产投资额是科学进行投资建设管理的重要依据。一是研究固定资产建设发展速度的依据；二是研究投资结构的依据；三是研究投资经济效果的依据。

（3）固定资产投资额是国家宏观经济调控的重要依据。国家对于国民经济中有关国计民生的重大建设项目的投资，实行有计划的指导，是保证社会经济健康有序稳定发展的重要条件。投资额统计可以检查计划执行结果，及时发现问题并提出解决的措施，推动国民经济的健康发展。

（三）固定资产投资额的构成

固定资产投资额的构成是指固定资产投资的工程内容和实现方式。包括固定资产投资过程中需要兴工动料的建筑安装工程，需要购置的设备、工器具，购买的车、船、飞机及与之有关的费用等。工程固定资产投资额和工程造价两者的组成基本一致。固定资产投资额具体由以下几部分构成：

1. 建筑工程

指各种房屋、建筑物的建造工程，又称建筑工作量。这部分投资额必须兴工动料，通过施工才能实现，是固定资产投资额的重要组成部分。

2. 安装工程

指各种设备、装置的安装工程，又称安装工作量，其中不包括被安装设备、装置本身的价值。具体的内容划分按照概（预）算的规定范围来确定。

3. 设备、工器具购置

指把工业企业生产的产品转为固定资产的购置活动，包括建设单位或企业、事业单位购置或自制的固定资产。设备一般可分为需要安装和不需要安装两种，需要安装的设备是指必须将其整体或几个部位装配起来，安装在基础上或建筑物支架上才能使用的设备，不需要安装的设备是指不必固定在一定位置或支架上就可以使用的各种设备。

4. 其他费用

指在固定资产建造和购置过程中发生的除建筑工程、安装工程、设备工器具购置以外的各种应分摊计入固定资产的费用。包括建设场地征用及清理费，项目建设管理费，项目建设技术服务费，生产准备费，大件运输措施费，基本预备费，建设期贷款利息和价差预备费等。

二、固定资产投资额主要统计指标

固定资产投资额主要统计指标，包括计划总投资、本年新开工项目计划总投资、自开始建设至本年年底累计完成投资和本年完成投资等。通过本节内容的介绍，掌握固定资产投资额统计主要指标的基本知识。

（一）计划总投资

计划总投资是反映固定资产投资在建总规模的重要指标，也是检查工程进度，计算建设周期的依据之一。计划总投资是指固定资产投资项目或企、事业单位中的建设工程，按照总体设计规定的内容全部建成预计需要的总投资。

没有总体设计的更新改造和其他固定资产投资，分别按报告期施工工程的计划总投资合计数填报。单纯购置单位应填报单纯购置的计划总投资，计划总投资按以下办法确定填报：

（1）按上级批准的计划总投资填报。在上级批准计划总投资后，又批准调整（追加或减少）时，应填列批准后的调整数字。

（2）无上级批准的计划总投资填报。项目批复文件优于上报文件，有初步设计的按概算数，无初步设计按估算数；若全部正式文件资料中没有提及项目投资的，则按可研资料估计。

（二）本年新开工项目计划总投资

本年新开工项目计划总投资是指在本年度内新开工项目的计划总投资。

（三）自开始建设至本年底累计完成投资

自开始建设至本年年底累计完成投资是指建设项目从开始建设到本年年底止累计完成的全部投资。它是综合反映整个建设项目或企、事业单位建设总进度的指标，其计算范围原则上应与“计划总投资”指标包括的工程内容相一致，报告期前已建成投产或停、缓建工程完成的投资以及拆除、报废工程的投资，仍应包括在内，但转出的“在建工程”累计投资应予以扣除，转入的“在建工程”以前年度完成的投资应当包括。

（四）本年完成投资

本年完成投资是指从本年1月1日起至本年最后一天止完成的全部投资额。本年完成投资是反映本年的实际投资规模，计算有关投资效果指标，进行年度国民经济核算和经济分析的重要指标。

（五）自年初累计完成投资

自年初累计完成投资是指从本年1月1日起至报告期（月、季、半年）末止累计完成的投资。其作用是反映自年初到报告期止本年度投资计划的进度，并与历史同期对比反映发展速度、预测全年趋势，及时为宏观调控提供资料。

（六）本月完成投资

本月完成投资是指本月1日至本月最后一日完成的投资。

三、固定资产投资完成统计报表

对于地市（县）级供电公司，投资额统计报表包括《基本建设投资完成报表》《营销–信息化–零购项目投资完成报表》《电网发展投入表》。《基本建设投资完成报表》分《电网大中型项目表》《电网建设中央专项工程表》《电源送出电网工程表》《计划外项目表》。

（1）报送单位：国家电网公司所属企业。

（2）报告期别：月报、年报。

（3）相关统计指标：计划总投资、自开始建设累计完成投资、本年投资计划、本年累计完成投资、本月完成投资。

（4）统计维度：按建设类型分为电源项目、电网项目。对于地市（县）级供电公司，一般只涉及电网项目，按电压等级、项目类别等统计。

（5）基本建设投资完成月报填报说明。

1）计划总投资填报原则：批复文件优于上报文件，有初步设计的按概算，无初步设计按估算；若全部正式文件资料中没有投资，则按可研资料估计。

2）本年投资计划：指国家电网公司综合计划中下达的投资计划。

3）电网项目“按电压等级分”：指按项目中各单项工程的电压等级分；电网项目“按项目分”：指按可研批复的项目内容的最高电压等级分。

4）新开工项目：指报告期内按照统计规定新开工的单项工程。要求使用投资统计管理信息系统的单位在基本项目定义中应填开工时间。

5）线路：一般情况下不含光纤工程，若设计批复概算无法分出线路和光纤，则统计到线路中。

6）单独立项二次工程：指单独立项的通信、保护、自动化等二次工程。

7）110（66）kV 及以上电压等级的新开工项目要将项目按线路和变电的单项工程进行统计。

8）小型基建项目必须列出明细。

9）该表统计的项目为在建项目，故自开始建设累计完成的数据不包含已竣工项目的完成值。

10）项目统计中分“其中：线路、变电”，故在项目管理中，要求细分到单项工程，即××变电工程、××线路工程。

11）电网大中型项目是指电网基建项目中除“电网建设中央专项工程”之外的电网建设项目。

第四节　新增电力生产能力统计

一、新增生产能力概述

（一）新增生产能力概念

生产能力是指企业、地区以至整个国民经济在一定时期内为社会制造某种物质产品或提供劳务的能力。

新增生产能力是一定时期内在原有生产能力的基础上增加的生产能力，指通过固定资产投资活动而新增加的设计能力（或工程效益），其反映一定时期内通过固定资产投资活动新取得的最终实物成果。

（二）新增生产能力统计的意义

1. 新增生产能力统计是编制生产计划的重要依据

生产计划是根据生产发展的规律，对未来一定时期内生产发展的准确判断，其数值的大小是客观需要与现实可能相结合的产物。因此，为了保证计划指标的客观性，需要对计划期生产能力进行测算。投资建设的新增生产能力统计是测算计划生产能力的依据之一。

2. 新增生产能力统计是评价固定资产投资经济效果的重要依据

新增生产能力反映投资建设所取得的实物成果，把这一成果与固定资产投资额联系起来观察，是评价投资经济效果的重要依据。

3. 新增生产能力统计也可作为监督检查建设单位是否进行科学管理的依据

在基本建设工作中，只有集中人力、物力、财力，在计划安排上优先考虑保证当年投产续建项目、收尾项目，严格控制新增项目，保证重点项目，在施工组织上集中力量逐项逐批推进，才能尽快形成新增生产能力（或工程效益），保证新增生产能力（或效益）计划的完成。因此，通过新增生产能力（或工程效益）统计，作为了解基本建设单位是否合理组织施工、进行科学管理基本建设的依据。

（三）新增生产能力与新增固定资产的关系

新增生产能力与新增固定资产是两个不同的统计指标。新增生产能力是表明投资成果的实物内容，不同产品的生产能力是不能相加的；新增固定资产是以货币形式综合反映投资活动的最终成果。

一个单项工程建成投产后，从实物量上表现为新增生产能力，从价值量上表现为新增固定资产。两者计算条件基本上是一致的，但是它们的统计范围不一致。有新增生产能力，必然有新增固定资产；但有新增固定资产，却不一定有新增生产能力。

二、新增生产能力主要统计指标

新增生产能力统计的主要指标，包括建设规模、本年施工规模和本年新增生产能力等。

（一）建设规模

指建设项目或工程设计文件中规定的全部设计能力（或工程效益），是以实物形态表示固定资产投资规模的指标，反映建设项目或工程全部建成投产（或交付使用）后，能够为社会提供多少设计能力（或工程效益）。包括已经建成投产和尚未建成投产的工程的生产能力（或工程效益）。

建设规模应填写设计任务书或计划文件中规定的全部能力（或工程效益）。新建项目按全部设计能力（或工程效益）计算。改、扩建项目按改、扩建设计规定的全部新增加的能力（或工程效益）填写，不包括改、扩建以前原有的生产能力（或工程效益）。没有总体设计的企业建设规模填本年施工的全部单项工程的设计能力，即以本年施工规模代替。

建设规模与投资规模的区别：前者表示一个时期通过建设将要向社会提供多少生产能力（或工程效益）；后者表示一个时期固定资产建设的投资规模，即以货币表示的实物工程量总和。

（二）本年施工规模

本年施工规模是指报告期内施工的单项工程（或更新改造项目）的设计能力（或工程效益）之和，包括报告期以前已开工跨入本年继续施工的工程的设计能力和报告期新开工工程的设计能力，也包括报告期内建成投产或报告期施工后又停缓建的单项工程设计能力。不包括在报告期以前建成投产或已经停、缓建的工程，以及报告期内尚未正式开工的工程的设计能力。

本年施工规模是全部建设规模中在本年正式施工的部分，即本年施工的工程或项目的全部设计能力。

（三）自开始建设累计新增生产能力

自开始建设累计新增生产能力（或工程效益）是指自开始建设至本年底止建成投产的全部单项工程累计新增生产能力（或工程效益）。包括报告期以前已经建成投产和报告期内建成投产的单项工程的生产能力（或工程效益）。没有总体设计的企业只填本年施工的全部工程自开始建设至本年年底止的累计新增生产能力。它反映一个建设项目自建设以来的投产成果，它同全部建设规模对比，可以反映设计总能力或效益的完成程度。

（四）本年新增生产能力

本年新增生产能力（或工程效益）是指在本年度内按照新增生产能力（或工程效益）的计算条件和标准，实际建成投入生产或交付使用的生产能力（或工程效益）。

三、新增生产能力统计报表

根据国家电网公司固定资产投资统计报表制度，新增生产能力报表主要是《建设规模和投产能力情况表》。

（1）报送单位：国家电网公司所属企业。

（2）报告期别：月报、年报。

（3）相关统计指标：建设地址、建设时间、开工时间、建设规模、本年施工规模、本年新开工规模、本年计划投产规模、自开始建设累计投产能力、本年投产能力。

（4）统计维度：按建设类型分为电源项目、电网项目。对于地市（县）级供电公司，一般只涉及电网项目，按电压等级、项目类别等统计。

（5）填报说明。

1）本年施工规模等于建设项目的总的设计能力减去尚未开工的单项工程的设计能力和以前年度投产的单项工程能力。

2）投产能力依据国家《基建项目（工程）竣工验收办法》和有关补充规定来统计。

3）新开工项目指报告期内按照统计规定新开工的单项工程（或能够发挥效益的工程）。

4）开工时间指实际开工时间，填报年月日（如：2020－08－01）。此项指标必须填报。

5）计划投产时间填写各单位年度计划安排的里程碑项目投产时间，此项指标必需填报。

6）投产时间填报年月日（如：2020－08－01），此项指标必须填报。

7）当一座变电站中，含有多个电压等级的变压器，则此变电站的电压等级等同于站内变压器的最高电压等级。

8）更新、改造项目的投产能力按基建项目规定填报其能力，即计算更新改造后的全部能力，不扣除原有的生产能力。

第五节 信息系统应用

目前，投资统计信息系统应用构建在规划计划一体化平台中的全口径全过程项目管理应用模块。

一、投资统计信息系统概述

（一）建设思路

全口径全过程项目管理应用抓实“四统一”（统一管理内容、统一管理深度、统一信息来源、统一数据发布），抓牢“四链条”（里程碑链条、投资控制链条、资金链条、物流链条），建设“全口径接入、全链条贯通、全过程管控”的全口径全过程项目管理机制，实现归集覆盖全面、统计分析有据、过程管控有效、业务流程顺畅的统计管理体系，切实提高统计工作效率，提升管理水平，如图 5－5 所示。

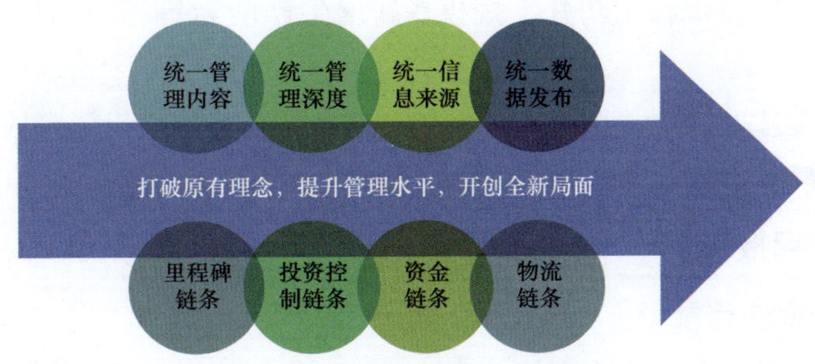

图 5-5　全口径全过程项目管理

（二）建设内容

投资统计信息系统应用主要为报表应用、全口径全过程分析应用及系统权限管理。报表应用主要包括：统计月报、年报、自定义报表管理。其中，统计月报包括固定资产投资月报、农网月报、重点城市月报、中电联月报等；统计年报包括固定资产投资年报、中电联年报等；自定义报表包括重大工程报表、新能源送出工程报表等。

全口径全过程分析应用主要包括：综合查询、季报分析、三率分析等功能。

系统权限管理：包括县域行政区域设置权限、项目类别设置权限、农网区域设置权限、冗余项目设置权限管理等。

（三）地市（县）级供电公司应用范围

对于地市（县）级供电公司，投资统计信息系统应用主要为报表应用、全口径全过程分析应用。其中，报表应用主要包括统计月报和年报。全口径全过程分析应用主要包括综合查询、三率分析等功能，见表 5-1。

表 5-1　　地市（县）级供电公司应用范围表

功能模块	总部	省公司	地市公司
报表应用	√	√	√
全口径全过程分析应用	√	√	√
系统权限管理	√	√	

二、投资统计信息系统统计月报管理

统计月报管理是根据项目的建设进度，对电网基建、小型基建、零星购置等专项的投资完成、建设规模、新开工规模、新增生产能力等相关指标数据进行月度统计。

地市公司对月报的相关指标进行维护（包括《基本建设投资完成月报》和《电力基本建设规模和投产能力月报》等），填报完成确认无误后上报省公司。

（一）统计月报编制

1. 全口径模块登录

统计月报需要在全口径模块进行填报，用 IE 浏览器打开，平台地址：http://10.1.142.251/PowerInfo/bsp/jsp/login.jsp，市、县公司使用同一个账号进行填报，登录界面如图 5–6 所示。

输入账号 zjjx-qkj-zg（该账号以嘉兴公司为例），密码××××××和验证码登录系统，该密码系统会提示定期更改。

图 5–6 全口径平台登录界面

2. 项目信息核查和统计单位维护

对于地市（县）供电公司，投资统计月报编制前需在“基本信息管理模块”对项目信息的“投资主体”“所在省、市、县”以及“统计单位”字段进行正确维护，并核对项目“可研批复信息”，如图 5–7 所示。

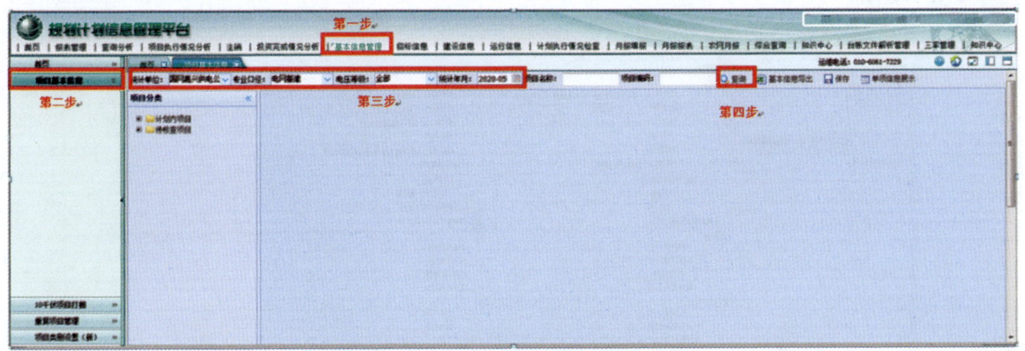

图 5-7　项目基本信息维护界面

（1）“投资主体”与农网报表（公司口径）汇总有关。县公司需维护至所在县公司，市辖区营业部需维护至所在市公司。

（2）“所在省、市、县”与农网报表（农网口径）汇总有关。县公司需维护“所在省”“所在市”“所在县”（县公司必须维护至所在县）、市辖区营业部不能维护所在县，如果维护了所在县，需清除维护信息，如图 5-8 和图 5-9 所示。

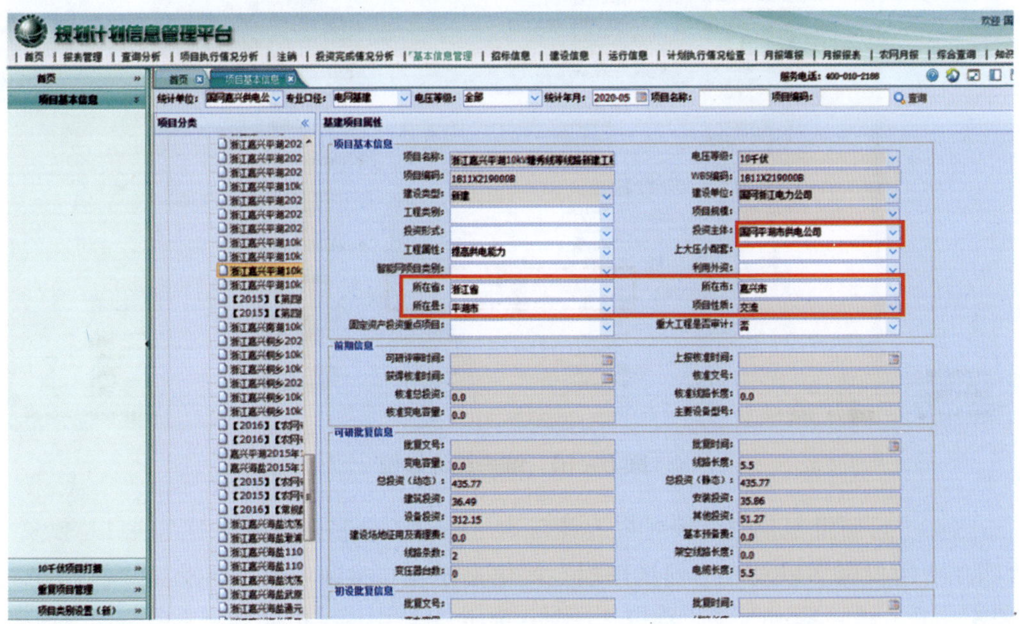

图 5-8　县公司需维护至“所在县”

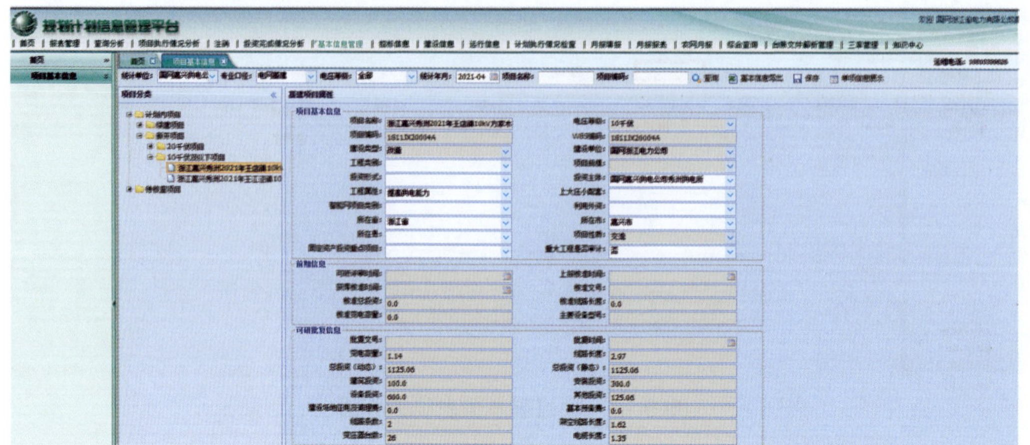

图 5-9　市辖区营业部（“所在县”为空）

（3）“统计单位”与农网报表（农网口径）汇总有关。县公司需维护至“所在县公司”，市辖区营业部需维护至“所在市公司”，如图 5-10 所示。

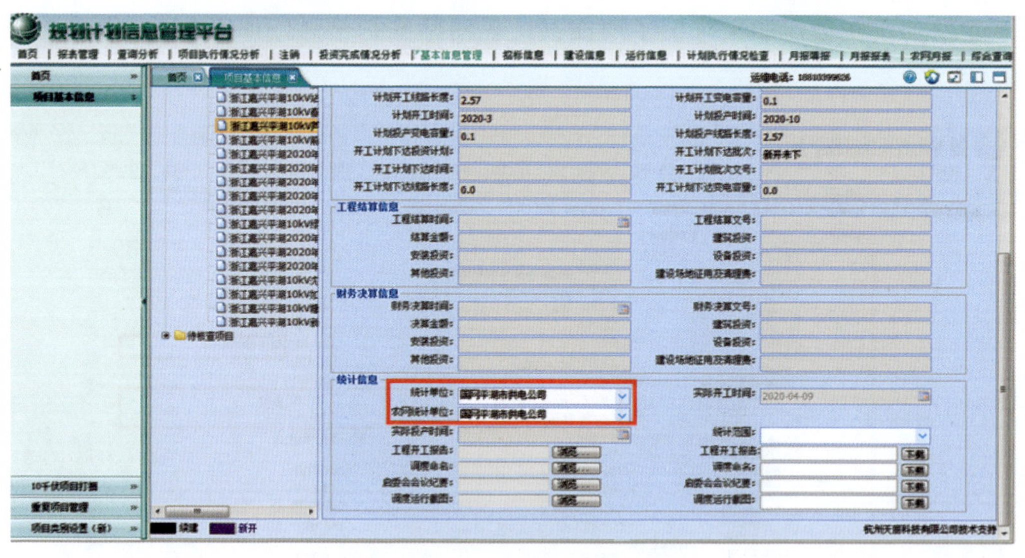

图 5-10　维护统计单位

（4）“可研批复信息”核对主要针对本月新开工项目，主要核对“项目总投资”“四项费用投资”以及“工程量规模”等信息是否与实际项目可研批复文件一致。若不一致，需联系规划专业在规划计划一体化平台中的“电网规划”模块中修改维护项目信息，然后由投资计划专业人员在”投资计划模块“进行数据同步。

3. 准备月报填报相关资料

（1）完整了解本单位每个在建项目的实际建设进度，根据实际建设进度折算项目的投资完成，并准备本月《投资统计月报》纸质盖章版备查，如图 5-11 所示。

国网浙江[illegible]2019年配网项目投资完成情况表（2019年12月）

序号	项目编码	项目名称	建设规模：条数	建设规模：线路长度	建设规模：台数	建设规模：变电容量	计划总投资	截至2018年已完成投资	2019年：计划	2019年：当月投资	当年累计完成投资	其中：建筑工程费	其中：安装工程费	其中：设备购置费	其中：其他费用	合计	当年投资完成率	自建设累计完成投资	投资完成率	开工时间	竣工时间
		地区配网项目合计	60	178.96	232	12.001	24150	5299.9	14676	1761	14676	2056	3870	7391.97	858.03	14676	100.00	19975.9	82.72		
		2019年续建（结转）项目	34	111.64	147	6.846	16191	5299.9	9883	160	9819	1375	3042	5133.97	268.03	9819	99.35	15118.9	93.38		
1	181133170…	嘉兴…通元地区10千伏六忠永兴配变等低压线路改造工程					777	391	330		330		250	50	30	330	100.00	681	87.64	2017/12/18	2019/6/20
2	181133170…	嘉兴…110千伏子城变10千伏间隔扩建工程					61	6.9	53		53		11	42		53	100.00	59.9	98.20	2017/12/18	2019/7/15
3	181133170…	嘉兴…沈荡地区10千伏五圣北站配变等低压线路改造工程					1572	530	960		850		750	100		850	88.54	1380	87.79	2018/3/25	2019/6/18
4	181133170…	嘉兴…2018年沈荡地区10千伏配变台区改造工程	2	4.15	23	1.012	507	230	274		274		94	180		274	100.00	504	99.41	2018/3/25	2019/6/18
5	181133170…	嘉兴…2018年通元地区10（20）千伏配变台区改造工程	1	1.61	22	0.88	366	170	184		184	10	74	100		184	100.00	354	96.72	2018/3/25	2019/6/18
6	181133170…	嘉兴…2018年武原地区10千伏配变台区改造工程	2	0.6	8	0.360	233	120	100		100	25	25	50		100	100.00	220	94.42	2018/3/25	2019/6/18
7	181133170…	嘉兴…2018年10千伏业扩配套改造项目	3	13.96	3	0.189	857	400	443		443	30	90	323		443	100.00	843	98.37	2018/3/25	2019/6/1
8	181133170…	嘉兴…[illegible]					572	250	187		187		172	15		187	100.00	437	76.40	2018/3/25	2019/6/10
9	181133170…	嘉兴…110千伏城北变10千伏望湖线改造工程	1	4.02			318	20	291		281	30	6	245		281	96.56	301	94.65	2018/3/25	2019/11/20
10	181133170…	嘉兴…110千伏城北变10千伏海兴线改造工程	1	5.28			533	30	500		465	60	30	355	20	465	93.00	495	92.87	2018/3/26	2019/11/20
11	181133170…	嘉兴…110千伏城北变10千伏盐北线改造工程	2	9.99			1073	30	1042	61.97	1031.97	200	150	601.97	80	1031.97	99.04	1061.97	98.97	2018/3/25	2019/12/9
12	181133170…	嘉兴…10千伏君堂变10千伏君北线改造工程	1	6.14			592	30	518		498	60	30	388	20	498	96.14	528	89.19	2018/3/25	2019/11/20
13	181133170…	嘉兴…110千伏百步变10千伏仙坛线新建工程	2	3.58			254	100	149		142		92	45	5	142	95.30	242	95.28	2018/3/25	2019/6/3
14	181133170…	嘉兴…110千伏万兴变20千伏启金线等新建工程	2	4.04			451	150	290		290	100	110	80		290	100.00	440	97.56	2018/3/25	2019/6/20
15	181133170…	嘉兴…110千伏百步变10千伏璜鑫线等新建工程	2	3.5			1341	500	752		730	580		130	20	730	97.07	1230	91.72	2018/3/25	2019/6/4
16	181133170…	嘉兴…2018年沈荡镇等四新工程电力配套项目	2	4.42	29	1.229	919	305	465	0.01	530.01		380	150	0.01	530.01	113.98	835.01	90.86	2018/3/25	2019/12/1
17	181133170…	嘉兴…2018年武原镇两新工程电力配套项目	2	3.95	22	1.156	1011	380	560	0.01	590.01	200	190	200	0.01	590.01	105.36	970.01	95.95	2018/3/25	2019/12/1
18	181133170…	嘉兴…2018年通元镇两新工程电力配套项目	2	4.35	31	1.447	1033	378	597	0.01	590.01		390	200	0.01	590.01	98.83	968.01	93.71	2018/3/25	2019/12/1
19	181133170…	嘉兴…110千伏庆丰变10千伏线路改接配套工程	2	8.61			709	30	678		652	30	40	552	30	652	96.17	682	96.19	2018/3/25	2019/11/20
20	181133170…	嘉兴…110千伏庆丰变10千伏乐园线等新建工程	2	7.82			1257	30	1215	98	1238	50	80	1048	60	1238	101.89	1268	100.88	2018/3/25	2019/12/12
21	181133170…	嘉兴…通元镇10千伏集镇Y111线等架空线路改造工程	2	3.9	2	0.126	206	150	45		45			45		45	100.00	195	94.66	2018/3/25	2019/5/6
22	181133170…	嘉兴…沈荡镇10千伏万丰Y912线架空线路改造工程	1	4.24	3	0.189	392	280	60		60			60		60	100.00	340	86.73	2018/3/25	2019/5/6
23	181133170…	嘉兴…沈荡镇10千伏齐丰Y258线等架空线路改造工程	1	2.9	4	0.252	401	280	120		120			120		120	100.00	400	99.75	2018/3/25	2019/5/4
24	181133180…	嘉兴…110千伏横港变电所10千伏印刷线新建工程	1	16.35			676	538	70		70		70			70	100.00	608	89.94	2015/6/1	2019/6/1
25	171133170…	嘉兴…220千伏变电站35千伏间隔扩建工程					80	11			65		8	54	3	65		76	95.00	2019/6/29	2019/6/18
		2019年新开工项目	26	67.32	85	5.155	7959	0	4793	1601	4857	681	828	2758	590	4857	101.34	4857	61.03		
26	181133180…	浙江嘉兴…110kV港路变20kV长塘山1线、2线新建工程	2	5.63			738		670	132	682	150	282	130	120	682	101.79	682	92.41	2019/3/29	2019/12/12
27	181133180…	浙江嘉兴…10kV通北泵木桥配变改造工程	1	0.2	1	0.04	42		42	15	35		25	6	4	35	83.33	35	83.33	2019/7/10	2019/12/10
28	181133180…	浙江嘉兴…110kV君堂变10kV创业线新建工程	1	4.71			471		431	201	431	50		351	30	431	100.00	431	91.51	2019/6/1	
29	181133180…	浙江嘉兴…110kV庆丰变10kV配套送出工程（三）	2	2.83			475		471	91	451	41	30	350	30	451	95.75	451	94.95	2019/6/1	2019/12/11
30	181133180…	浙江嘉兴…110kV通元变10kV丰场线新建工程	2	2.87			272		231	41	231	80	61	50	40	231	100.00	231	84.93	2019/6/1	
31	181133180…	浙江嘉兴…10kV陈桥线等改造工程	2	2.25	1	0.04	422		330		330	50	50	200	30	330	100.00	330	78.20	2019/6/1	2019/8/1
32	181133180…	浙江嘉兴…2019年业扩配套新建项目	4	16			1122		1122	312	1122	100	170	742	110	1122	100.00	1122	100.00	2019/5/31	
33	181133180…	浙江嘉兴…110kV庆丰变10kV配套送出工程（四）	2	2.12			205.96		130	25	130	20		75	35	130	100.00	130	63.12	2019/9/2	
34	181133180…	浙江嘉兴…35kV白洋变10kV白洋01线新建工程	1	1.93			169.58		130	19	130	20	10	69	31	130	100.00	130	76.66	2019/9/2	
35	181133180…	浙江嘉兴…110kV万兴变20kV复东线改造工程	1	0.51			99.72		70	10	70			50	20	70	100.00	70	70.20	2019/9/2	
36	181133180…	浙江嘉兴…110kV庆丰变10kV配套送出工程（一）	2	5.84			597.1		400	150	400	50		300	50	400	100.00	400	66.99	2019/9/2	
37	181133180…	浙江嘉兴…武原地区2019年两新电力配套工程	4	11.05	50	2.996	2066.19		450	330	450	70	100	250	30	450	100.00	450	21.78	2019/10/9	

图 5-11　投资统计月报纸质版

（2）了解本月新开工项目和新投产项目情况，本月新开工项目需准备项目开工报告、施工合同电子版，本月新投产项目需准备竣工报告电子版等（备注：不同地区、不同电压等级项目所需材料不尽相同，具体以上级部门要求或系统提示为准），以上材料应与项目实际建设情况相符合，需在本月上报投资时上传至系统，如图 5-12 所示。

4. 系统获取上月数据

在填报本月数据前，针对所有在建项目分别对当前期别的《电力基本建设规模和投产能力月报》和《基本建设投资完成月报》两张表进行上月数据获取。

操作步骤：点击“月报填报“－”电力基本建设规模和投产能力月报“－选择单位－统计年月选择当前期别－点击查询，根据”项目分类“菜单下显示的项目进行操作，可按电压等级批量获取，或者选择单个项目进行获取。获取成功后，对获取的数据进行核对，确认无误后点击”保存“。如图 5-13 和图 5-14 所示。

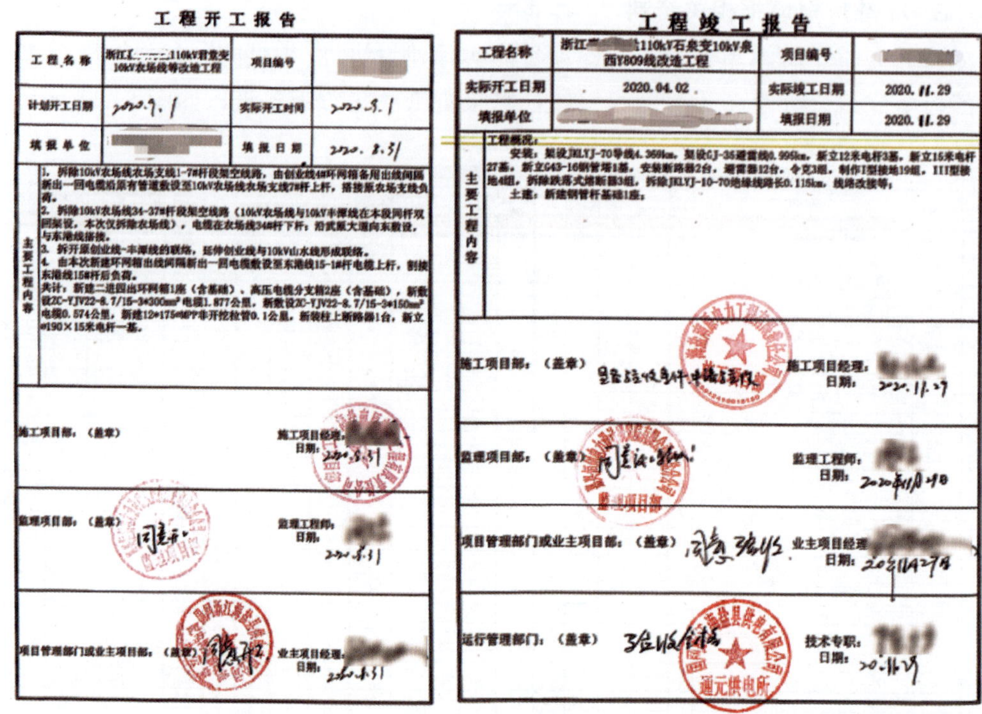

工程开工报告

工程名称	浙江[illegible]110kV昔鉴变10kV农场线等改造工程	项目编号	[illegible]
计划开工日期	2020.9.1	实际开工时间	2020.9.1
填报单位	[illegible]	填报日期	2020.8.31
主要工程内容	1. 拆除10kV农场线农场支线1-7#杆段架空线路，由创业线4#环网箱备用出线间隔新出一回电缆沿原有管道敷设至10kV农场线农场支线7#杆上杆，搭接原农场支线负荷。 2. 拆除10kV农场线34-37#杆段架空线路（10kV农场线与10kV丰泽线在本段同杆双回架设，本次仅拆除农场线），电缆在农场线34#杆下杆，沿武原大道向东敷设，与东港线搭接。 3. 拆开原创业线-丰泽线的联络，延伸创业线与10kV山水线形成联络。 4. 由本次新建环网箱出线间隔新出一回电缆敷设至东港线15-1#杆电缆上杆，割接东港线15#杆后负荷。 共计：新建二进四出环网箱1座（含基础），高压电缆分支箱2座（含基础），新敷设ZC-YJV22-8.7/15-3*300mm² 电缆1.877公里，新敷设ZC-YJV22-8.7/15-3*150mm² 电缆0.574公里，新建12*175*MPP非开挖拉管0.1公里，新装柱上断路器1台，新立ø190×15米电杆一基。		
施工项目部：（盖章）		施工项目经理： 日期：2020.8.31	
监理项目部：（盖章）		监理工程师： 日期：2020.8.31	
项目管理部门或业主项目部：（盖章）		业主项目经理： 日期：2020.8.31	

工程竣工报告

工程名称	浙江[illegible]110kV石泉变10kV泉西Y809线改造工程	项目编号	[illegible]
实际开工日期	2020.04.02	实际竣工日期	2020.11.29
填报单位	[illegible]	填报日期	2020.11.29
主要工程内容	工程概况： 安装：架设JKLYJ-70导线4.369km，架设GJ-35避雷线0.995km，新立12米电杆3基，新立15米电杆27基，新立G43-16钢管塔1基，安装断路器2台，避雷器12台，令克3组，制作I型接地19组，III型接地4组，拆除跌落式熔断器3组，拆除JKLYJ-10-70绝缘线路长0.115km，线路改接等； 土建：新建钢管杆基础1座；		
施工项目部：（盖章）		施工项目经理： 日期：2020.11.29	
监理项目部：（盖章）		监理工程师： 日期：2020.11.30	
项目管理部门或业主项目部：（盖章）		业主项目经理： 日期：2020.11.27	
运行管理部门：（盖章）		技术专职： 日期：2020.11.29	

图 5-12　某配网工程开工报告、竣工报告

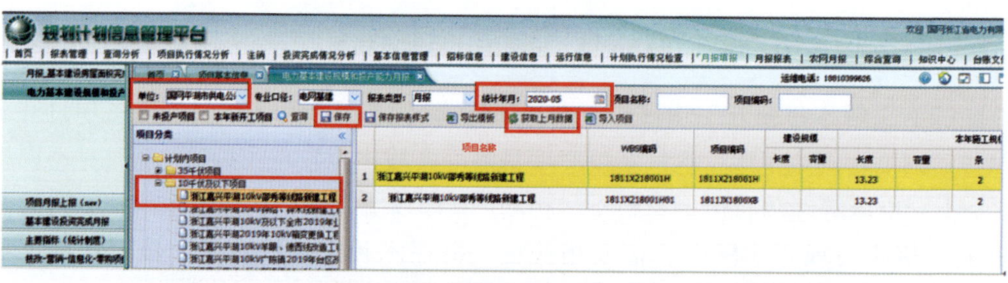

图 5-13　《电力基本建设规模和投产能力月报》上月数据获取

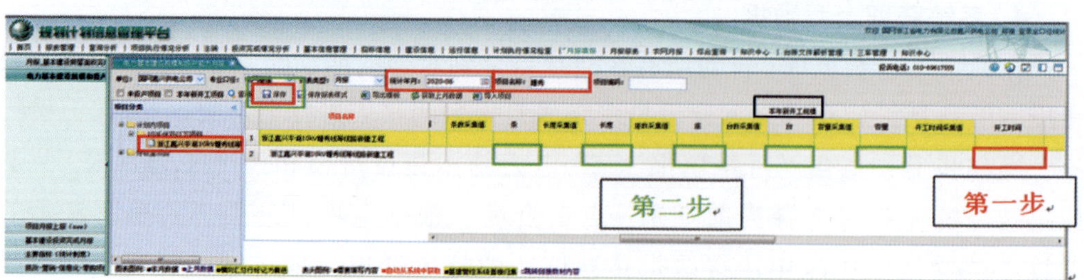

图 5-14　《基本建设投资完成月报》上月数据获取（一）

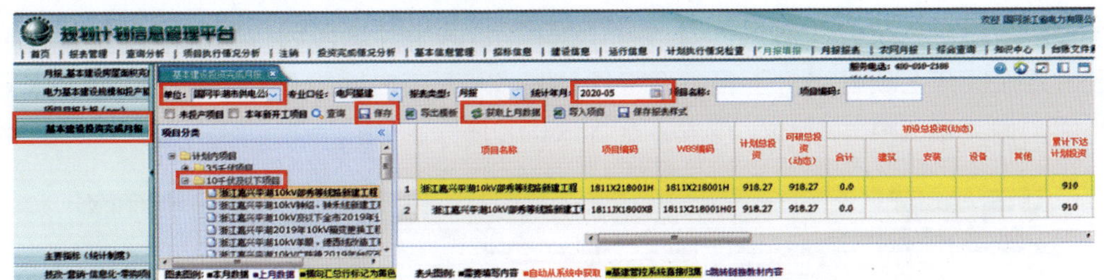

图 5-14 《基本建设投资完成月报》上月数据获取（二）

注意：

（1）获取上月数据值，是将上月报表中的“本年开工规模”“本年投产规模“本年累计投资完成“数据导入本月报表中的对应字段中。

（2）获取《电力基本建设规模和投产能力月报》和《基本建设投资完成月报》上月值。

（3）获取时需要注意，在建项目不缺漏，主网历史项目不进表。

（4）每年 1 月获取上月数据时，系统抽取的是上年 12 月报表的数据，因此需要对“本年开工”“本年投产”“本年累计投资完成”数据进行清除。

5. 投资统计月报填报

（1）《电力基本建设规模和投产能力月报》填报。

操作步骤：可根据项目名称查询定位项目进行填报，也可以根据电压等级进行填报：点击电压等级，界面右侧将显示该电压等级下所有的项目，点击具体项目可以逐一进行填报。

本月新开工项目，需先上传“开工报告”或“开工报审表”作为开工”支撑文件”，若为配网项目，则还需同步上传“施工合同”，如图 5-15 所示。开工支撑文

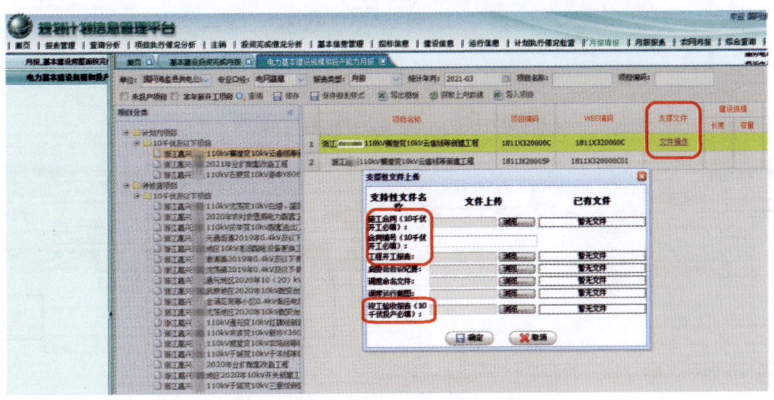

图 5-15 开工支撑文件上传

件上传后再填入“开工时间”及“开工规模”。其中开工时间按照开工报告时间填报，并确保开工项目当月上报，不跨月。先填入开工时间后保存。按照红色字体下的施工规模填入开工规模，保存。如图 5-16 所示。

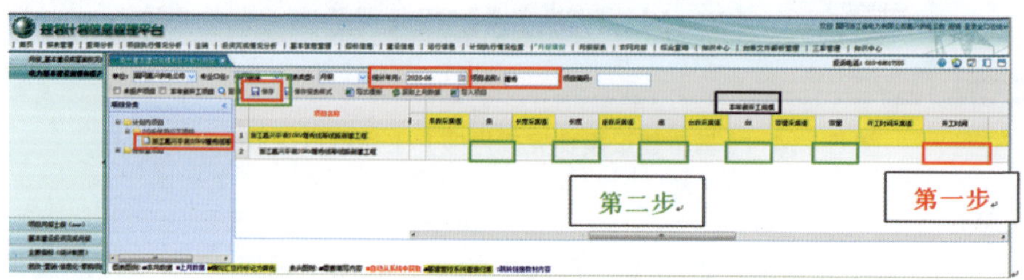

图 5-16　开工能力填报

本月新竣工项目，需先上传“竣工报告”“启委会会议纪要”“调度命名文件”及“调度命名文件”作为竣工“支撑材料”如图 5-17 所示。竣工支撑文件上传后再填入“投产时间”及“竣工规模”。竣工时间按照竣工报告时间填报，并确保竣工项目当月上报，不跨月，如图 5-18 所示。

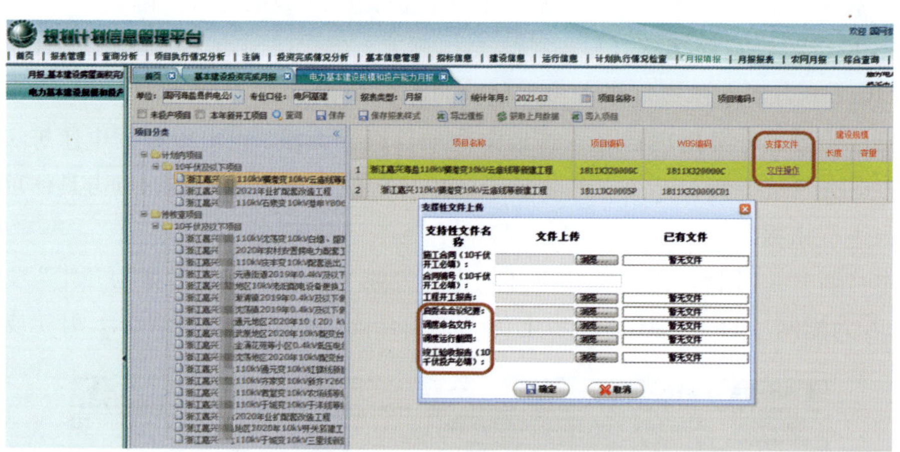

图 5-17　竣工支撑文件上传

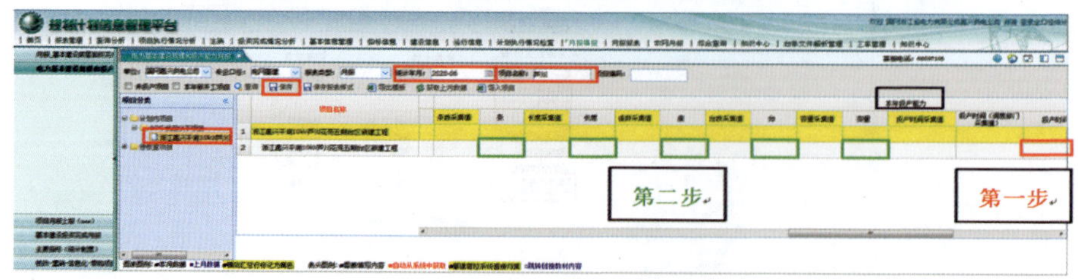

图 5-18　投产能力填报

注意：

1）电网基建项目的开工、投产应以项目建设实际情况为依据进行填报。

2）本年施工规模来自规划计划信息管理平台中的“规划模块“项目可研规模，若全口径模块项目施工规模与可研批复不符，需联系规划专业人员在”电网规划模块“对项目进行修正，然后由投资计划专业人员在”投资计划模块进行数据同步。

3）填报开工、投产时间时需注意，一个项目可能包括多个子项，其中某一个子项开工，即为整个项目开工；所有子项竣工，即为整个项目竣工。故系统默认单个子项填报开工时间，父项自动获取开工时间；所有子项填报竣工时间，父项竣工时间无法自动获取，也需手动填报。

（2）《基本建设投资完成月报》填报。操作步骤：点击“月报填报”《基本建设投资完成月报》选择单位–选择统计年月–项目名称中输入工程名称或项目编码，点击“查询”，或者在相应项目包中选择此工程–填入本年累计投资额，如图 5–19 所示。

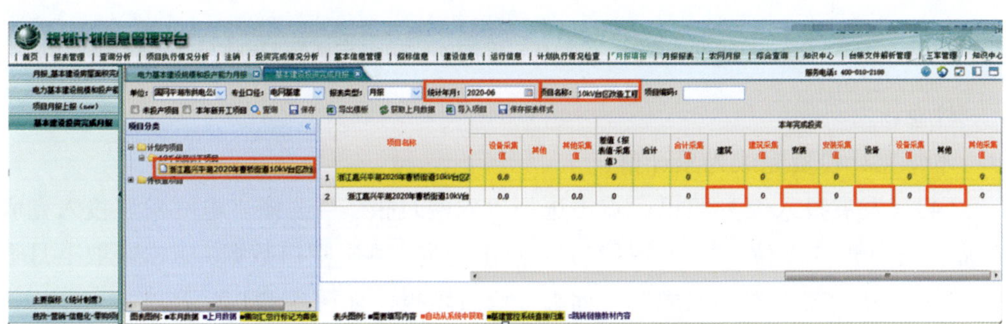

图 5–19 《基本建设投资完成》月报填报

注意：

1）本年累计投资完成为截至填报月最后一日完成的投资，需预估 10 日左右的工程形象进度。

2）投资完成是根据工程形象进度折算而来，工程实际已经开工才能开始填报投资，投资完成当月值不能为负，累计投资完成值不能超初设概算。

3）工程四项费用填报都有明显的界定，不可随意填报，累计四项费用分项不能超初设批复值。建筑费用包括房屋的土建工程、设备基础、支柱、操作平台等建筑工程发生的费用，纯线路工程一般不存在建筑费用。安装工程费用一般包括线路工程中的架空线工程基础施工、杆塔工程，架线工程附件及辅助工程发生的费用。设备费用指购置设备、工具、器具发生的费用。其他费用主要包括建设场地征用及清理费、项目建设管理费、技术服务费、生产准备费、大件运输措施费等。

（3）《技改－营销－信息化－零购项目投资完成情况维护》填报。操作步骤：点击“月报填报”－《技改－营销－信息化－零购项目投资完成情况维护》－选择单位－选择统计年月－点击“查询”－填入本年投资完成－保存，如图 5－20 所示。

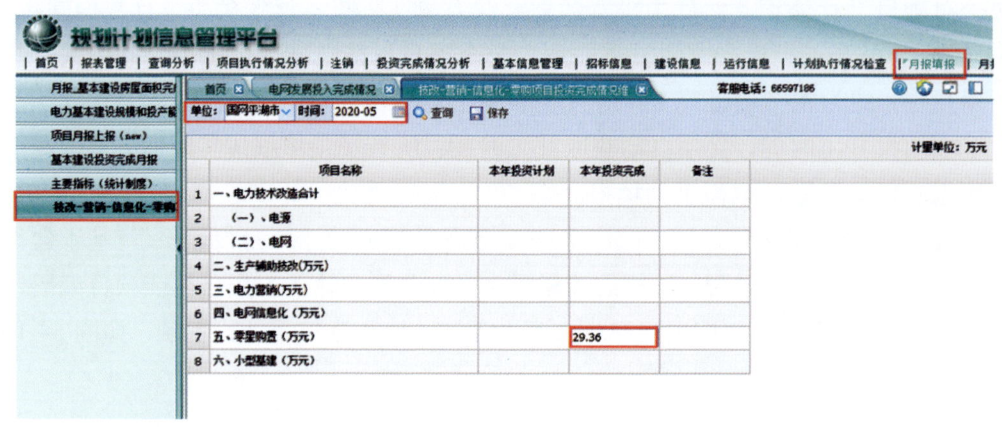

图 5－20 《技改－营销－信息化－零购项目投资完成情况维护》填报

注意：

本年累计投资完成为累计值。

（4）《发展投入表》填报。点击选择“农网月报”－选择“电网发展投入完成情况”，选择所在单位－时间选择当月－点击查询－跳出空白数据－点击获取上月数据－保存－然后在“本年完成”一列进行修改填报，如图 5－21 所示。

注意：

本年累计投资完成为累计值。

6. 投资统计月报汇总

以上数据填报完成后，汇总本单位所填报数据，导出数据再进行校核。

（1）投资完成值汇总。操作步骤：点击“月报报表”－统计报表制度报表（new）－基本建设投资完成月报，选择当期期别查询形成汇总表，导出后与线下原始数据汇总情况进行校核，以及对汇总表的数据合理性进行校核。

（2）能力表汇总。操作步骤：点击“月报报表”－统计报表制度报表（new）－电力基本建设规模和投产能力月报，方法与投资完成相同。

7. 投资统计月报审查

（1）投资完成合理性审查。

	指标名称	本年计划	本年完成	备注
1	（一）固定资产投资	8376.94	2080	
2	1、基本建设	8000.00	1938.00	
3	其中：电网基建	8000.0000	1938.0000	
4	产业基建			
5	小型基建			
6	2、技术改造	262.00	97.34	
7	其中：生产技改	96.0000		
8	技术改造容量			
9	技术改造线路长度			
10	产业技改		25.3440	
11	非生产技改	166.0000	72.0000	
12	3、零星购置	97.9700	29.3600	
13	（二）其它专项计划	941.71	283.92	
14	1、大修项目	641.74	264.61	
15	其中：生产大修	491.7400	201.6134	
16	产业大修			
17	非生产大修	150.0000	63.0000	
18	2、营销投入	16.97	15.30	
19	其中：资本性	16.9700	15.3000	
20	成本性			
21	户表改造投资			
22	户表改造户数			
23	3、信息化建设	0.00	0.00	
24	其中：资本性			
25	成本性			
26	4、研究开发费	8.5000		
27	5、管理咨询费			
28	6、教育培训	274.5000	4.0087	
29	7、股权投资			

图 5-21　电网发展投入完成情况

1）审查内容：检查自开始累积、本年投资完成（合计值及四项费用）数据是否准确、合理。

2）操作步骤：依次点击“月报报表”–“统计报表制度报表（new）”–《基本建设投资完成月报》、续表 1、续表 2。

3）审查要点：① 本年累计完成值：基本建设投资完成月报＝续表 1＋续表 2；② 本年累计完成值、自开始累计投资与上月比：不减少、本月增量不异常。

（2）开工、投产能力合理性审查。

1）审查内容：检查项目开工、投产规模数据（条、长度、变电站座数、变压器台数、变压器容量）是否正确、合理。

2）操作步骤：依次点击“月报报表”–“统计报表制度报表（new）”–“电力基本建设规模和投产能力月报”。

3）审查要点：

a. 本年施工、开工、投产能力规模与上月比较不为负值。

b. 本年开工、投产规模是否与施工规模一致。不一致时核查原因，若为维护错误，开工投产规模在填报表修改，施工规模联系规划专业修改可研规模，计划专业同步数据。

c. 主网项目新建变电工程应有座数，主变扩建工程无座数，台数、条数应与工程建设实际相符。

d. 配电网项目单台配变容量、单条线路长度应合理。

（3）配电网规模合理性检查。

1）审查内容：将配电网本年的施工规模、新开工规模、投产规模进行横向比较，核查数据填报的准确性。

2）操作步骤：依次点击“月报报表”–“统计报表制度报表（new)”–“电力基本建设规模和投产能力月报”–选择统计单位查询–导出报表审核。

3）审查要点：

a. 注意本年施工规模的数量级问题。

b. 注意单条线路长度应小于等于 30 千米，单台配变容量应小于等于 1000 千伏安。本年施工规模由大规划系统内的规划模块推送，与可研报告内的施工规模进行比对，如果发现本年施工规模出现错误，需联系规划和计划专业人员在各自系统内进行修正。具体为规划人员在规划账号下修改正确，然后由计划人员在计划账号下进行数据同步，确保填写值与现场保持一致。

（4）开工、投产、投资联合检查。

1）审查内容：将开工、投产时间和规模与自开始累计、本年累计以及本月投资完成进行横向比较，核查数据填报的准确性。

2）操作步骤：依次点击“月报报表”–“统计报表制度报表”–“电力基本建设规模和投产能力月报（基本建设投资完成月报）”–选择统计单位查询–导出报表审核。

3）审查要点：

a. 自开始建设累计完成投资应大于等于本年累计完成投资，已投产项目自开始建设累计完成投资应与初设概算一致。

b. 本月投资不能报负。

c. 往年开工项目自开始建设累计完成投资与本年累计投资一致，为异常。

d. 往年投产项目仍有本年投资完成为异常。

e. 本年上月及以前已投产项目，本月有投资，为异常。

f. 往年开工项目有本年新开工规模，往年投产项目有本年新增能力，为异常。

g. 本年开工项目无新开工规模，本年投产项目无本年新增能力，可能为异常。

（5）农网报表核查。

1）审查内容：县公司农网报表中的投资完成、规模能力月报（公司口径）、报表制度中各县公司的统计报表合计值、全口径模块发展投入完成情况中电网基建数据是否一致。

2）操作步骤：

① 农网报表–农网基建工程建设投资完成情况表（公司口径）–选择统计单位查询；

② 月报报表–统计报表制度报表–基本建设投资完成月报–选择统计单位查询；

③ 农网报表–电网发展投入完成情况月报–选择统计单位查询。

3）审查要点：三张报表中，电网基建数据应完全一致。

三、投资统计信息系统分析应用

投资统计分析应用包括综合查询、三率分析功能。对于地市（县）级供电公司，主要包括综合查询、三率分析功能。

（一）综合查询

综合查询主要实现项目的全过程信息查询，内容涵盖项目基本信息、规划、可研、项目前期、初设（来源于基建管控系统）信息、计划、统计信息及项目的执行信息（来源于 ERP 系统的数据）等，界面如图 5–22 所示。

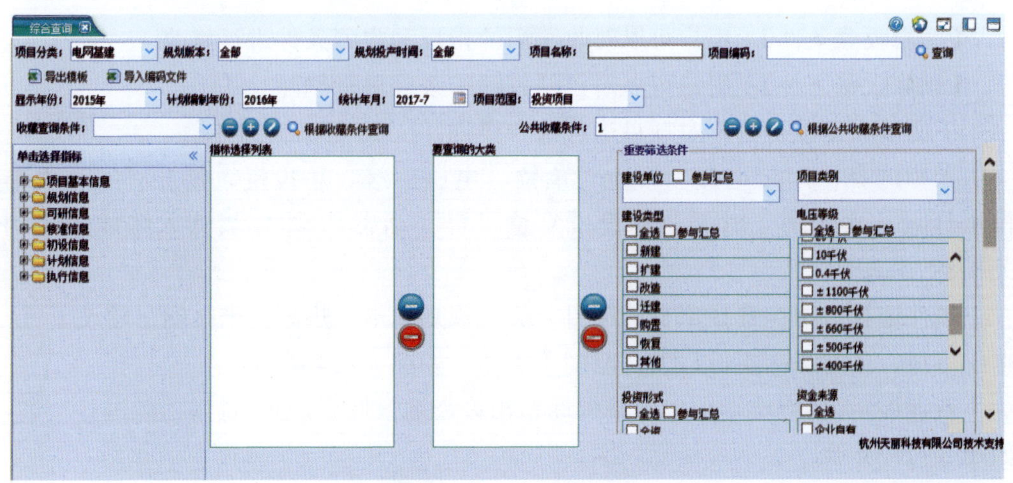

图 5–22 综合查询

【查询】：用户可以根据项目分类、规划版本、规划投产时间、项目名称、项目编码、显示年份、计划编制年份、统计年月、项目范围等条件对项目进行查询；

【导出模板】：批量导出项目编码模板，用户可按照此模板编制项目编码文件，进行项目批量查询；

【导入编码文件】：批量导入项目编码进行批量查询；

【添加收藏条件】：选择相关指标及查询条件后，用户可对选择的指标和收藏条件进行收藏，下次直接用收藏条件进行查询，如图 5–23 所示；

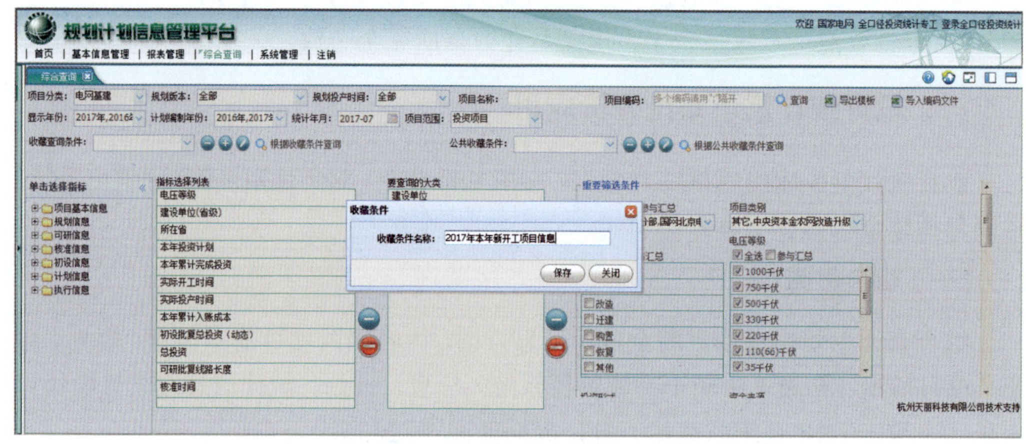

图 5–23　综合查询条件收藏

【编辑收藏条件】：用户可以对收藏后的指标和收藏条件进行修改；

【删除收藏条件】：用户可以对已经收藏的条件进行删除。

下面以在建项目为例对项目进行综合查询：

指标选择：用户选择项目建设单位、电压等级、总投资、核准时间、本年投资计划、实际开工时间、初设批复总投资（动态）、本年累计入账成本等相关指标；

条件选择：用户选择项目的项目分类、规划版本、规划投产时间、建设单位、电压等级、计划编制年份、项目范围等条件，如图 5–24 所示。

查询展示：用户选择完成项目指标和相关查询条件后，通过查询功能进行查询，如图 5–25 所示。

图 5-24　综合查询示例

查询结果

项目名称	项目编码	wbs编码	项目基本信息		
			电压等级	项目类别	建设单位(市级)
1.嘉兴新光110kV输变电工程	1611JX1500TZ	1611JX1500TZ	110(66)千伏	农网_满足新增负荷需要,农网_供电区域_B,其	国网嘉兴供电公司
2.嘉兴雅山110kV输变电工程	1611JX1500TX	1611JX1500TX	110(66)千伏	城网_满足新增负荷需要,城网_供电区域_B,其	国网嘉兴供电公司
3.浙江嘉兴东部220kV电网补强工程	1511JX17006V	1511JX17006V	220千伏	其它_跨区跨省输电能力提升配套工程,其他_	国网嘉兴供电公司
4.嘉兴东陈110kV输变电工程	1611JX1900BM	1611JX1900BM	110(66)千伏	农网_满足新增负荷需要,农网_供电区域_B,其	国网嘉兴供电公司
5.嘉兴海宁龙潭110kV变电站第三台主变扩建工程	1611JX1900BL	1611JX1900BL	110(66)千伏	城网_网架结构加强,城网_供电区域_B,其他_	国网嘉兴供电公司
6.浙江嘉兴大德220kV变电站第4台主变扩建工程	1511JX19000K	1511JX19000K	220千伏	主网架_网架结构加强,其他_公司自筹资本金	国网嘉兴供电公司
7.浙江嘉兴连杭220kV变电站第3台主变扩建工程	1511JX19000H	1511JX19000H	220千伏	主网架_满足新增负荷需要,其他_公司自筹资	国网嘉兴供电公司
8.嘉兴寺山220kV变电站110kV送出工程	1611JX1900C1	1611JX1900C1	110(66)千伏	农网_变电站配套送出,农网_供电区域_B,其他	国网嘉兴供电公司
9.嘉兴平北（花园）110kV输变电工程	1611JX1900BR	1611JX1900BR	110(66)千伏	农网_满足新增负荷需要,农网_供电区域_B,其	国网嘉兴供电公司
10.浙江嘉兴南部220kV电网优化工程	1511JX1601LV	1511JX1601LV	220千伏	主网架_网架结构加强,其他_公司自筹资本金	国网嘉兴供电公司
11.嘉兴海塘220kV变电站110kV山鹿间隔扩建工程	1611JX20004U	1611JX20004U	110(66)千伏	城网_供电区域_A,其他_公司自筹资本金且未	国网嘉兴供电公司
12.嘉兴共建220kV变电站110kV润泽间隔扩建工程	1611JX20004T	1611JX20004T	110(66)千伏	城网_供电区域_A,其他_公司自筹资本金且未	国网嘉兴供电公司
13.嘉兴海塘220kV变电站110kV美气间隔扩建工程	1611JX20004V	1611JX20004V	110(66)千伏	城网_供电区域_A,其他_公司自筹资本金且未	国网嘉兴供电公司
14.浙江嘉兴祝东~安江220kV线路工程	1511JX18013B	1511JX18013B	220千伏	主网架_网架结构加强,其他_公司自筹资本金	国网嘉兴供电公司
15.嘉兴勤丰220kV变电站110kV瑞泰间隔扩建工程	1611JX19002A	1611JX19002A	110(66)千伏	城网_供电区域_B,其他_公司自筹资本金且未	国网嘉兴供电公司
16.嘉兴百桃220kV变电站110kV华友间隔扩建工程	1611JX19002B	1611JX19002B	110(66)千伏	城网_供电区域_C,其他_公司自筹资本金且未	国网嘉兴供电公司
17.嘉兴秀州110kV输变电工程	1611JX1601KR	1611JX1601KR	110(66)千伏	城网_网架结构加强,城网_供电区域_A,其他_	国网嘉兴供电公司
18.嘉兴天带110kV输变电工程	1611JX1601KS	1611JX1601KS	110(66)千伏	城网_满足新增负荷需要,城网_供电区域_B,其	国网嘉兴供电公司
19.嘉兴冷仙110kV输变电工程	1611JX1601KV	1611JX1601KV	110(66)千伏	城网_网架结构加强,城网_供电区域_A,其他_	国网嘉兴供电公司
20.浙江嘉兴寺山（临杭）220kV输变电工程	1511JX15012A	1511JX15012A	220千伏	主网架_满足新增负荷需要,其他_公司自筹资	国网嘉兴供电公司
21.浙江嘉兴1#海上风电220kV送出工程	1511JX15012R	1511JX15012R	220千伏	主网架_电源送出_风电送出,其他_公司自筹	国网嘉兴供电公司
22.浙江嘉兴2#海上风电项目220kV送出工程	1511JX15012S	1511JX15012S	220千伏	主网架_网架结构加强,其他_公司自筹资本金	国网嘉兴供电公司
23.浙江嘉兴伍子220kV输变电工程	1511JX15012M	1511JX15012M	220千伏	主网架_网架结构加强,其他_公司自筹资本金	国网嘉兴供电公司
24.浙江嘉兴荷花220kV输变电工程	1511JX15012F	1511JX15012F	220千伏	主网架_满足新增负荷需要,其他_公司自筹资	国网嘉兴供电公司
25.嘉兴荷花220kV变电站110kV送出工程	1611JX1400QG	1611JX1400QG	110(66)千伏	城网_满足新增负荷需要,城网_供电区域_B,其	国网嘉兴供电公司

图 5-25　综合查询结果

（二）三率分析

为实现电网基建项目全过程统计监督，提升企业精益化管控水平，国网公司创新提出纵横一体的电网基建项目“三率合一”数据监测分析体系。三率分析研究是对四链条研究的有益补充与延伸，紧密衔接，形成纵横一体的网格结构，全方位、多角度扫描、监督项目执行全过程。

目前，三率分析包括“三率数据管理–基建”“三率数据管理–ERP”“三率数据管理–PMS”“项目关联管理”“三率曲线分析”“三率预警管理”“三率参数管理”等多个功能模块。

1. 三率数据管理–基建

“三率数据管理–基建”模块针对35kV及以上电压等级项目，数据均取自基建管控系统，包括以下功能模块：“基建项目信息管理（采集）”“概算文件解析管理”“基建单项信息管理（采集）”“里程碑计划信息管理（采集）”“实际建设进度信息管理（采集）”“施工进度计划信息管理（采集）”。

（1）基建项目信息管理（采集）。主要采集纳入三率分析的35kV及以上电压等级项目的基本项目信息，如图5–26和图5–27所示。

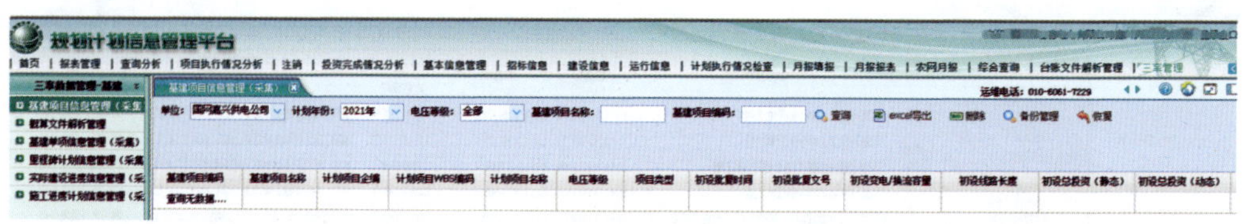

图5–26　基建项目信息管理采集1

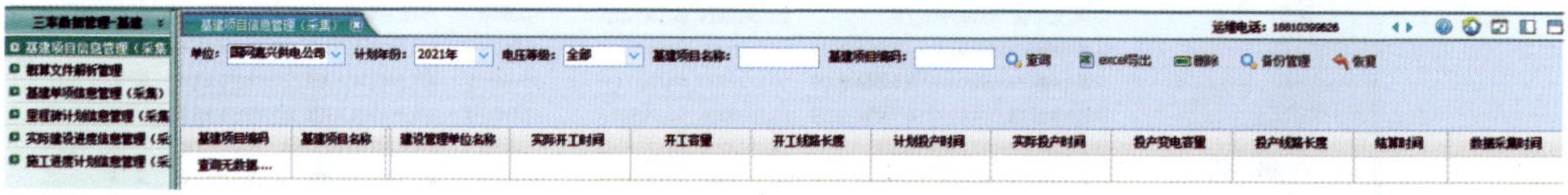

图5–27　基建项目信息管理采集2

（2）概算文件解析管理。需要导入或手工录入纳入三率分析的35kV及以上电压等级项目的批复概算信息，如图5–28所示。导入或手工录入概算需逐个单项进行，数据应与初设批复概算一致。

图5–28　概算文件解析管理

（3）基建单项信息管理（采集）。主要采集纳入三率分析的 35kV 及以上电压等级项目各子项的基本信息，如图 5-29 所示。

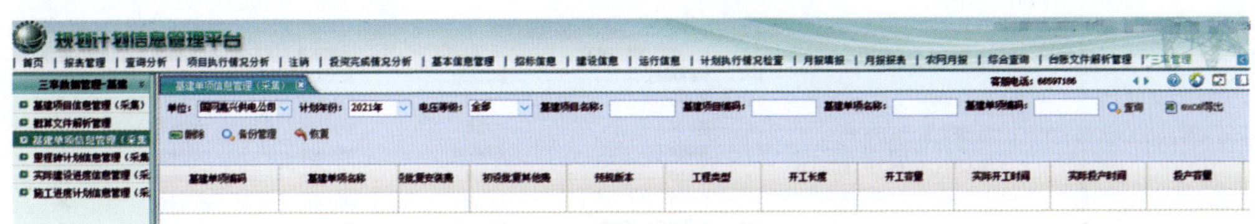

图 5-29　基建单项信息管理采集

（4）里程碑计划信息管理（采集）。主要采集纳入三率分析的 35kV 及以上电压等级基建项目里程碑计划信息，如图 5-30 所示。

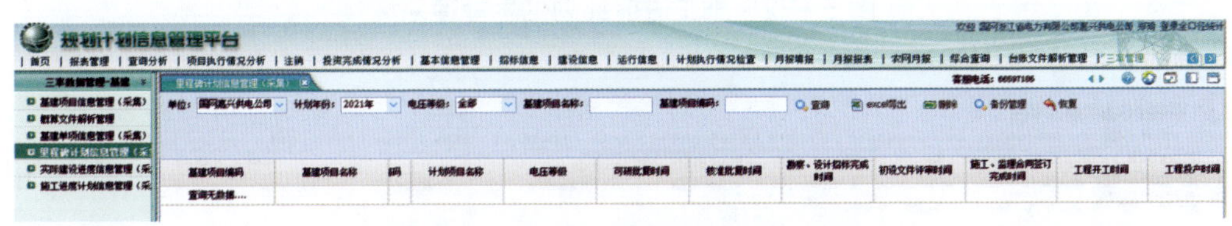

图 5-30　里程碑计划信息管理采集

（5）实际建设进度信息管理（采集）。主要采集纳入三率分析的 35kV 及以上电压等级基建项目实际建设进度信息，如图 5-31 所示。

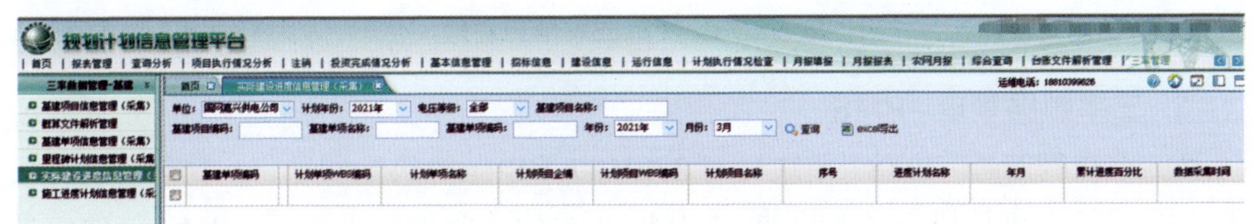

图 5-31　实际建设进度信息管理采集

（6）施工进度计划信息管理（采集）。主要采集纳入三率分析的 35kV 及以上电压等级基建项目施工进度计划信息，包括各子项及分部、分项工程，如图 5-32 所示。

2. 三率数据管理-ERP

主要采集纳入三率分析的电网基建项目实际 ERP 入账信息，如图 5-33 所示。

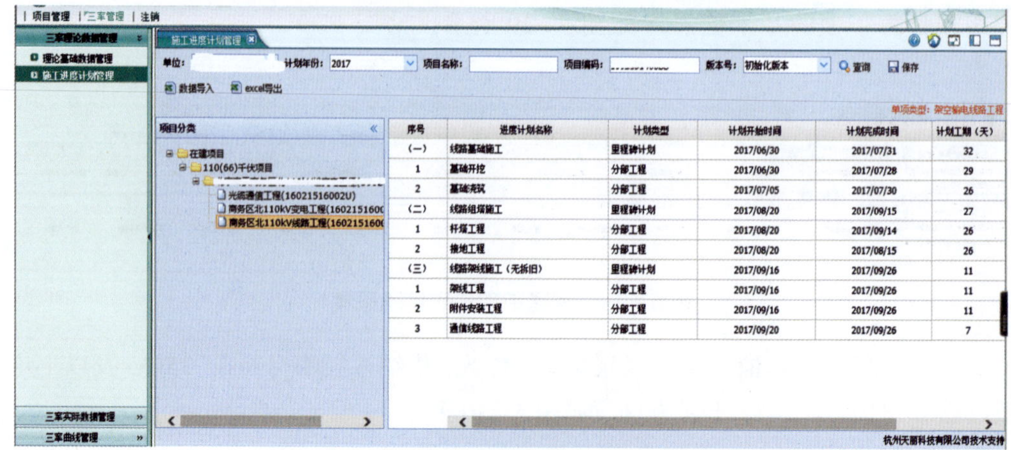

图 5-32　施工进度计划信息管理采集

图 5-33　实际成本信息管理

3. 三率数据管理-PMS

"三率数据管理-PMS"模块针对 35kV 以下电压等级配网项目，数据均取自配网 PMS 系统，包括以下功能模块："PMS 项目信息管理（采集）""PMS 单项信息管理（采集）"。

（1）PMS 项目信息管理（采集）。主要采集纳入三率分析的配电网基建项目的基本信息，如图 5-34 所示。

（2）PMS 单项信息管理（采集）。主要采集纳入三率分析的配网基建项目的基本信息，如图 5-35 所示。

4. 项目关联管理

"项目关联管理"模块主要功能是自动核查全口径系统中项目编码或单项编码

与基建管控系统、ERP 系统及 PMS 系统中项目编码或单项编码的匹配对应情况。对于 35kV 及以上电压等级输变电工程，项目关联主要核查类型：基建项目、基建单项、ERP 项目、ERP 单项；对于 35kV 以下电压等级配网工程，项目关联主要核查类型：PMS 项目、PMS 单项、10kV ERP 项目、10kV ERP 单项。如图 5-36 所示。

PMS项目名称	PMS项目编码	电压等级	所属省	所属市	所属县	总投资（万元）	初设批复总投资（动态）	初设审批时间	配变台数-初设	配变容量-初设	项目是否开工	项目是否竣工
浙江嘉兴秀洲2020年油车港	1811JX1500Z7	10千伏	国网浙江电力公司	国网嘉兴供电公司	国网嘉兴供电公司	433.16	433.16		0	0	否	否
浙江嘉兴秀洲2020年新塍镇	1811JX1500Z8	10千伏	国网浙江电力公司	国网嘉兴供电公司	国网嘉兴供电公司	324.79	0.0		2	0	否	否
浙江嘉兴秀洲2020年10kV	1811JX1500ZC	10千伏	国网浙江电力公司	国网嘉兴供电公司	国网嘉兴供电公司	419.66	419.66		10	6000	否	否
浙江嘉兴秀洲2020年10kV	1811JX1500ZD	10千伏	国网浙江电力公司	国网嘉兴供电公司	国网嘉兴供电公司	533.94	533.94		20	9000	是	否
浙江嘉兴秀洲2020年0.4kV	1811JX1500ZF	10千伏	国网浙江电力公司	国网嘉兴供电公司	国网嘉兴供电公司	103.56	102.4	2020/04/24	30	12000	是	是
浙江嘉兴滨海220kV新华变	1811JX1800DN	20千伏	国网浙江电力公司	国网嘉兴供电公司	国网嘉兴供电公司	565.0	565.0		0	0	是	否
嘉兴滨海新区2019年业扩配	1811JX1800DP	10千伏	国网浙江电力公司	国网嘉兴供电公司	国网嘉兴供电公司	600.0	600.0	2019/05/24	0	0	是	是
浙江嘉兴滨海110kV金沙变	1811JX1800DQ	10千伏	国网浙江电力公司	国网嘉兴供电公司	国网嘉兴供电公司	1393.0	1393.0	2019/05/24	0	0	是	是
浙江嘉兴滨海2019年10kV	1811JX1800DS	10千伏	国网浙江电力公司	国网嘉兴供电公司	国网嘉兴供电公司	193.0	180.91	2020/04/24	0	0	是	是
浙江嘉兴滨海110kV衙前变	1811JX1800DV	10千伏	国网浙江电力公司	国网嘉兴供电公司	国网嘉兴供电公司	607.0	604.42	2020/04/24	0	0	是	是
浙江嘉兴南湖综合供能站10	1811JX1800GZ	10千伏	国网浙江电力公司	国网嘉兴供电公司	国网嘉兴供电公司	120.0	0.0		4	2290	否	否
浙江嘉兴南湖110kV东栅变	1811JX1800HM	10千伏	国网浙江电力公司	国网嘉兴供电公司	国网嘉兴供电公司	334.0	334.0		0	0	是	否
浙江嘉兴秀洲110kV唯胜变	1811JX1800HS	10千伏	国网浙江电力公司	国网嘉兴供电公司	国网嘉兴供电公司	859.83	859.83		0	0	是	否
浙江嘉兴滨海10kV建港景苑	1811JX1800NG	10千伏	国网浙江电力公司	国网嘉兴供电公司	国网嘉兴供电公司	135.0	126.4	2020/04/24	0	0	是	是
浙江嘉兴滨海乍浦镇区域20	1811JX1800NJ	10千伏	国网浙江电力公司	国网嘉兴供电公司	国网嘉兴供电公司	91.76	0.0		0	0	否	否

图 5-34　PMS 项目信息管理采集

PMS单项名称	PMS单项编码	PMS项目编码	计划项目名称	计划项目编码	计划WBS编码	电压等级	所属省	所属市	所属县	初设配变台数
浙江嘉兴秀洲2020年王江泾	1811JX1500Z60002	1811JX1500Z6	浙江嘉兴秀洲2020年王江泾	1811JX1500Z6	1811JX1500Z6	10千伏	国网浙江电力公司	国网嘉兴供电公司	国网嘉兴供电公司	0
浙江嘉兴秀洲2020年王江泾	1811JX1500Z60001	1811JX1500Z6	浙江嘉兴秀洲2020年王江泾	1811JX1500Z6	1811JX1500Z6	10千伏	国网浙江电力公司	国网嘉兴供电公司	国网嘉兴供电公司	3
浙江嘉兴秀洲2020年王江泾	1811JX1500Z60004	1811JX1500Z6	浙江嘉兴秀洲2020年王江泾	1811JX1500Z6	1811JX1500Z6	10千伏	国网浙江电力公司	国网嘉兴供电公司	国网嘉兴供电公司	5
浙江嘉兴秀洲2020年王江泾	1811JX1500Z60003	1811JX1500Z6	浙江嘉兴秀洲2020年王江泾	1811JX1500Z6	1811JX1500Z6	10千伏	国网浙江电力公司	国网嘉兴供电公司	国网嘉兴供电公司	5
浙江嘉兴秀洲2020年油车港	1811JX1500Z70003	1811JX1500Z7	浙江嘉兴秀洲2020年油车港	1811JX1500Z7	1811JX1500Z7	10千伏	国网浙江电力公司	国网嘉兴供电公司	国网嘉兴供电公司	0
浙江嘉兴秀洲2020年油车港	1811JX1500Z70004	1811JX1500Z7	浙江嘉兴秀洲2020年油车港	1811JX1500Z7	1811JX1500Z7	10千伏	国网浙江电力公司	国网嘉兴供电公司	国网嘉兴供电公司	0
浙江嘉兴秀洲2020年油车港	1811JX1500Z70001	1811JX1500Z7	浙江嘉兴秀洲2020年油车港	1811JX1500Z7	1811JX1500Z7	10千伏	国网浙江电力公司	国网嘉兴供电公司	国网嘉兴供电公司	0
浙江嘉兴秀洲2020年油车港	1811JX1500Z70002	1811JX1500Z7	浙江嘉兴秀洲2020年油车港	1811JX1500Z7	1811JX1500Z7	10千伏	国网浙江电力公司	国网嘉兴供电公司	国网嘉兴供电公司	0
浙江嘉兴秀洲2020年新塍镇	1811JX1500Z80002	1811JX1500Z8	浙江嘉兴秀洲2020年新塍镇	1811JX1500Z8	1811JX1500Z8	10千伏	国网浙江电力公司	国网嘉兴供电公司	国网嘉兴供电公司	0
浙江嘉兴秀洲2020年新塍镇	1811JX1500Z80003	1811JX1500Z8	浙江嘉兴秀洲2020年新塍镇	1811JX1500Z8	1811JX1500Z8	10千伏	国网浙江电力公司	国网嘉兴供电公司	国网嘉兴供电公司	1
浙江嘉兴秀洲2020年新塍镇	1811JX1500Z80001	1811JX1500Z8	浙江嘉兴秀洲2020年新塍镇	1811JX1500Z8	1811JX1500Z8	10千伏	国网浙江电力公司	国网嘉兴供电公司	国网嘉兴供电公司	0
浙江嘉兴秀洲2020年新塍镇	1811JX1500Z80004	1811JX1500Z8	浙江嘉兴秀洲2020年新塍镇	1811JX1500Z8	1811JX1500Z8	10千伏	国网浙江电力公司	国网嘉兴供电公司	国网嘉兴供电公司	1

图 5-35　PMS 单项信息管理采集

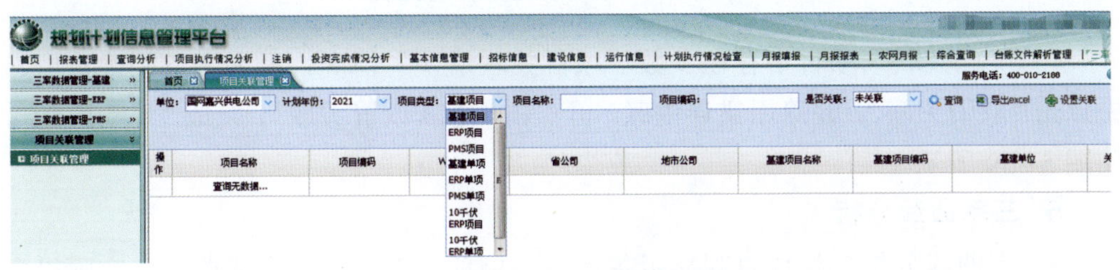

图 5-36　项目关联核查类别

项目关联管理，一般有以下三种情况：

（1）一般情况下，系统会根据项目实际编码信息完成各类型编码的“自动匹配”，无需人工操作，如图 5-37 所示。

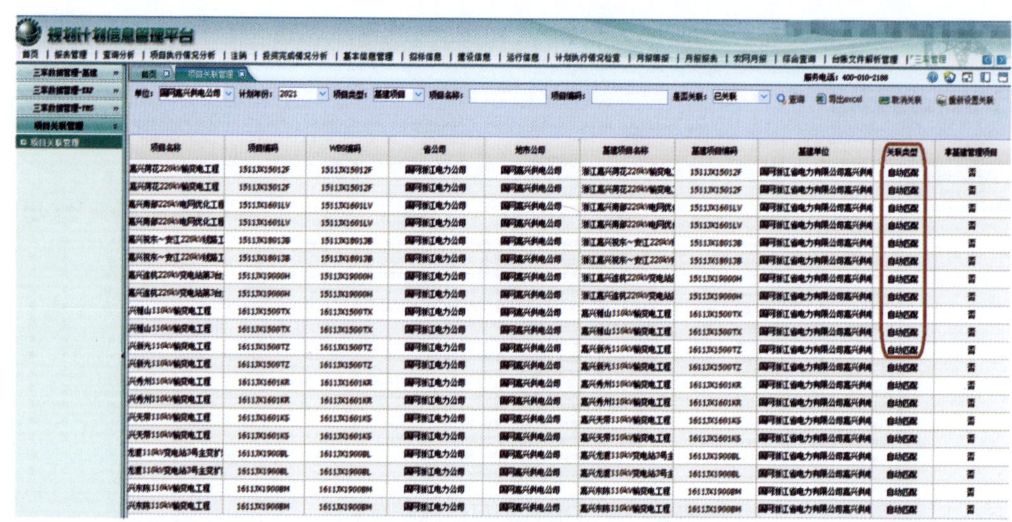

图 5-37　项目关联自动匹配

（2）存在少数“未关联项目”，系统会定期发送“项目关联预警”，此时需人工完成“手动匹配”，点击“设置关联”，如图 5-38 所示。

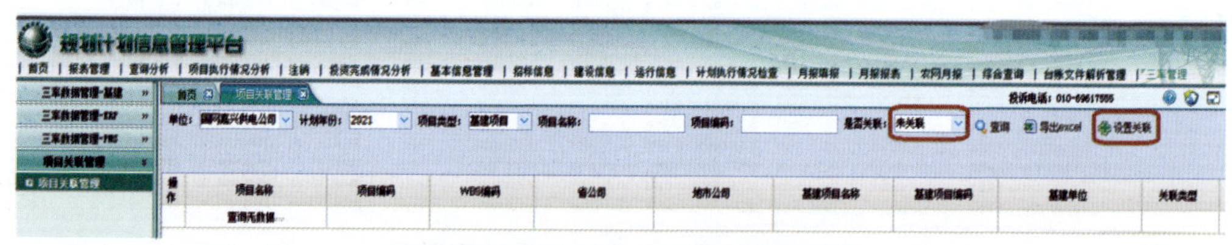

图 5-38　未关联项目设置关联

（3）“已关联”项目中存在少数“项目关联错误”情况，经人工鉴别确认后，先点击“取消关联”，解除原错误关联，再点击“重新设置关联”，完成“手动匹配”，如图 5-39 所示。

5. 三率曲线分析

“三率曲线分析”模块直观显示各项目、单项的理论投资完成曲线、实际投资完成曲线、理论成本完成曲线、实际成本完成曲线、理论建设进度曲线、实际建设进度曲线，反映项目各条实际曲线与理论曲线的偏差，以及各曲线与投资完成采集值曲线的偏差，用于从多维度直观分析偏差，从而达到发现项目问题，及时整改修正的目的。主要包括以下功能模块：“35kV 及以上三率曲线分析”“10kV 三率曲线分析”“三率曲线数据管理”。

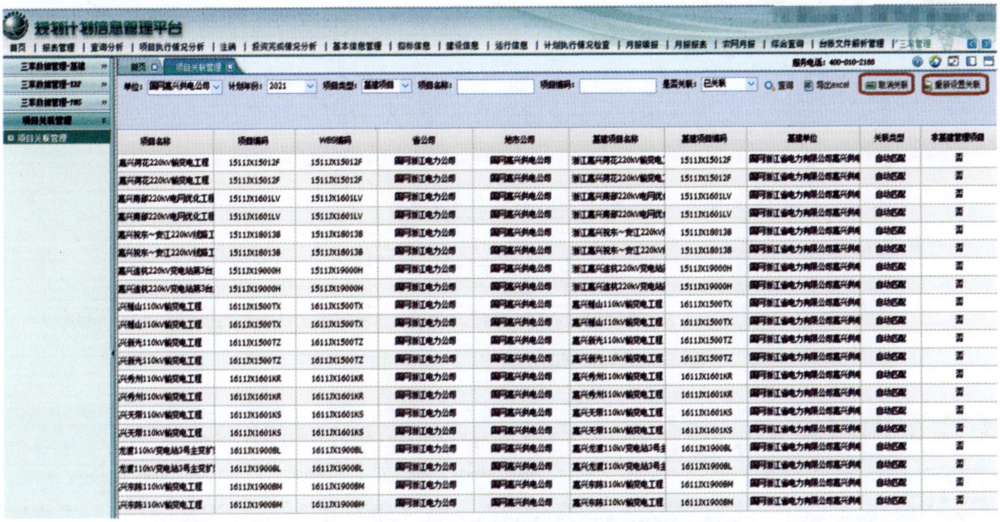

规划计划信息管理平台

首页 | 报表管理 | 查询分析 | 项目执行情况分析 | 注销 | 投资完成情况分析 | 基本信息管理 | 招标信息 | 建设信息 | 运行信息 | 计划执行情况检查 | 月报填报 | 月报报表 | 农网月报 | 综合查询 | 台账文件解析管理 | 三率管理

三率数据管理-基建
三率数据管理-ERP
三率数据管理-PMS
项目关联管理
项目关联管理

首页 项目关联管理

服务电话：400-010-2188

单位：国网嘉兴供电公司 计划年份：2021 项目类型：基建项目 项目名称： 项目编码： 是否关联：已关联 查询 导出excel 取消关联 重新设置关联

项目名称	项目编码	WBS编码	省公司	地市公司	基建项目名称	基建项目编码	基建单位	关联类型	非基建管理项目
嘉兴荷花220kV输变电工程	1511JX15012F	1511JX15012F	国网浙江电力公司	国网嘉兴供电公司	浙江嘉兴荷花220kV输变电	1511JX15012F	国网浙江省电力有限公司嘉兴供电	自动匹配	否
嘉兴荷花220kV输变电工程	1511JX15012F	1511JX15012F	国网浙江电力公司	国网嘉兴供电公司	浙江嘉兴荷花220kV输变电	1511JX15012F	国网浙江省电力有限公司嘉兴供电	自动匹配	否
嘉兴南部220kV电网优化工程	1511JX1601LV	1511JX1601LV	国网浙江电力公司	国网嘉兴供电公司	浙江嘉兴南部220kV电网优	1511JX1601LV	国网浙江省电力有限公司嘉兴供电	自动匹配	否
嘉兴南部220kV电网优化工程	1511JX1601LV	1511JX1601LV	国网浙江电力公司	国网嘉兴供电公司	浙江嘉兴南部220kV电网优	1511JX1601LV	国网浙江省电力有限公司嘉兴供电	自动匹配	否
嘉兴祝东～黄江220kV线路工	1511JX180138	1511JX180138	国网浙江电力公司	国网嘉兴供电公司	浙江嘉兴祝东～黄江220kV	1511JX180138	国网浙江省电力有限公司嘉兴供电	自动匹配	否
嘉兴祝东～黄江220kV线路工	1511JX180138	1511JX180138	国网浙江电力公司	国网嘉兴供电公司	浙江嘉兴祝东～黄江220kV	1511JX180138	国网浙江省电力有限公司嘉兴供电	自动匹配	否
嘉兴凌杭220kV变电站第3台	1511JX19000H	1511JX19000H	国网浙江电力公司	国网嘉兴供电公司	浙江嘉兴凌杭220kV变电站	1511JX19000H	国网浙江省电力有限公司嘉兴供电	自动匹配	否
嘉兴凌杭220kV变电站第3台	1511JX19000H	1511JX19000H	国网浙江电力公司	国网嘉兴供电公司	浙江嘉兴凌杭220kV变电站	1511JX19000H	国网浙江省电力有限公司嘉兴供电	自动匹配	否
兴鹤山110kV输变电工程	1611JX1500TX	1611JX1500TX	国网浙江电力公司	国网嘉兴供电公司	嘉兴鹤山110kV输变电工程	1611JX1500TX	国网浙江省电力有限公司嘉兴供电	自动匹配	否
兴鹤山110kV输变电工程	1611JX1500TX	1611JX1500TX	国网浙江电力公司	国网嘉兴供电公司	嘉兴鹤山110kV输变电工程	1611JX1500TX	国网浙江省电力有限公司嘉兴供电	自动匹配	否
兴新光110kV输变电工程	1611JX1500TZ	1611JX1500TZ	国网浙江电力公司	国网嘉兴供电公司	嘉兴新光110kV输变电工程	1611JX1500TZ	国网浙江省电力有限公司嘉兴供电	自动匹配	否
兴新光110kV输变电工程	1611JX1500TZ	1611JX1500TZ	国网浙江电力公司	国网嘉兴供电公司	嘉兴新光110kV输变电工程	1611JX1500TZ	国网浙江省电力有限公司嘉兴供电	自动匹配	否
兴秀州110kV输变电工程	1611JX1601KR	1611JX1601KR	国网浙江电力公司	国网嘉兴供电公司	嘉兴秀州110kV输变电工程	1611JX1601KR	国网浙江省电力有限公司嘉兴供电	自动匹配	否
兴秀州110kV输变电工程	1611JX1601KR	1611JX1601KR	国网浙江电力公司	国网嘉兴供电公司	嘉兴秀州110kV输变电工程	1611JX1601KR	国网浙江省电力有限公司嘉兴供电	自动匹配	否
兴天带110kV输变电工程	1611JX1601KS	1611JX1601KS	国网浙江电力公司	国网嘉兴供电公司	嘉兴天带110kV输变电工程	1611JX1601KS	国网浙江省电力有限公司嘉兴供电	自动匹配	否
兴天带110kV输变电工程	1611JX1601KS	1611JX1601KS	国网浙江电力公司	国网嘉兴供电公司	嘉兴天带110kV输变电工程	1611JX1601KS	国网浙江省电力有限公司嘉兴供电	自动匹配	否
龙渡110kV变电站3号主变扩	1611JX1900BL	1611JX1900BL	国网浙江电力公司	国网嘉兴供电公司	嘉兴龙渡110kV变电站3号主	1611JX1900BL	国网浙江省电力有限公司嘉兴供电	自动匹配	否
龙渡110kV变电站3号主变扩	1611JX1900BL	1611JX1900BL	国网浙江电力公司	国网嘉兴供电公司	嘉兴龙渡110kV变电站3号主	1611JX1900BL	国网浙江省电力有限公司嘉兴供电	自动匹配	否
兴东栅110kV输变电工程	1611JX1900BM	1611JX1900BM	国网浙江电力公司	国网嘉兴供电公司	嘉兴东栅110kV输变电工程	1611JX1900BM	国网浙江省电力有限公司嘉兴供电	自动匹配	否
兴东栅110kV输变电工程	1611JX1900BM	1611JX1900BM	国网浙江电力公司	国网嘉兴供电公司	嘉兴东栅110kV输变电工程	1611JX1900BM	国网浙江省电力有限公司嘉兴供电	自动匹配	否

图 5–39 关联错误项目重新设置关联

（1）35kV 及以上三率曲线分析。“35kV 及以上三率曲线分析”模块分析对象为 35kV 及以上电压等级输变电工程，可直观展示 35kV 及以上电压等级项目及各单项的理论投资完成曲线、实际投资完成曲线、理论成本完成曲线、实际成本完成曲线、理论建设进度曲线、实际建设进度曲线及投资完成采集值曲线，根据不同时段各曲线偏差发现项目问题。曲线展示类型可通过“进度百分比”或“四项费用”分别展示，如图 5–40 所示。

（2）10kV 三率曲线分析。“10kV 三率曲线分析”模块分析对象为 10（20）kV 配网工程，可直观展示配网项目及各单项的实际投资完成曲线、实际入账成本曲线、实际建设进度曲线及投资完成采集值曲线，根据不同时段各曲线偏差发现项目问题。目前该模块功能开发尚未完善，未投入应用。

（3）三率曲线数据管理。“三率曲线数据管理”模块目前仅对 35kV 及以上电压等级输变电工程开展分析，是“35kV 及以上三率曲线分析”的“量化展示”。可直观展示项目层级各时间节点建设进度、投资进度、入账进度的理论值与实际值，以及项目累计投资计划、投资完成采集值。查询类型可分为“百分比”和“四项费用”查询，如图 5-41 和图 5-42 所示。

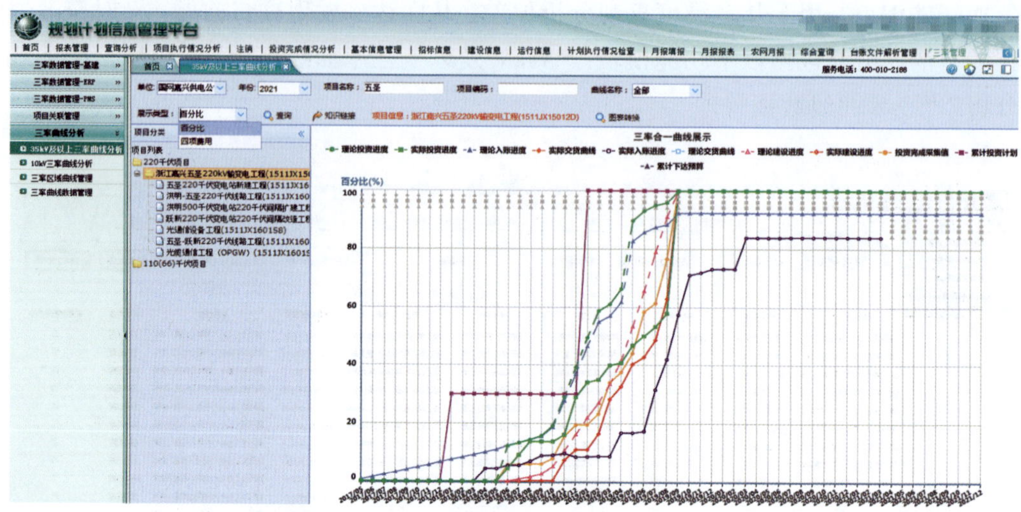

图 5-40　35kV 及以上三率曲线分析

项目名称	项目编码	项目WBS编码	所属单位（省级）	所属单位（市级）	日期	理论建设进度	实际建设进度	理论入账进度	实际入账进度	理论投资进度	实际投资进度	累计投资计划
浙江嘉兴荷花220kV输变电工程	1511JX15012F	1511JX15012F	国网浙江电力公司	国网浙江电力公司	2021/03	14.89	0.0	23.02	14.61	23.74	9.37	12.37
江嘉兴南部220kV电网优化工程	1511JX1601LV	1511JX1601LV	国网浙江电力公司	国网浙江电力公司	2021/03	87.78	0.0	80.6	138.13	87.1	68.05	54.69
工嘉兴祝东～安江220kV线路工程	1511JX18013B	1511JX18013B	国网浙江电力公司	国网浙江电力公司	2021/03	139.32	0.0	192.11	43.09	208.55	46.57	48.36
嘉兴连杭220kV变电站第3台主变扩	1511JX19000H	1511JX19000H	国网浙江电力公司	国网浙江电力公司	2021/03	100.0	0.0	89.82	15.62	100.0	82.36	
嘉兴新光110kV输变电工程	1611JX1500TZ	1611JX1500TZ	国网浙江电力公司	国网浙江电力公司	2021/03	25.87	0.0	34.14	18.91	36.28	29.27	19.29
嘉兴天带110kV输变电工程	1611JX1601KS	1611JX1601KS	国网浙江电力公司	国网浙江电力公司	2021/03	28.92	0.0	60.99	16.39	66.33	22.17	16.48
兴海宁龙渡110kV变电站第三台主变	1611JX1900BL	1611JX1900BL	国网浙江电力公司	国网浙江电力公司	2021/03	59.84	0.0	77.85	12.04	84.88	21.76	27.82

图 5-41　三率曲线数据管理－按“百分比”查询

项目名称	项目编码	项目WBS编码	所属单位（省级）	所属单位（市级）	理论入账进度					实际入账进度					
					合计	建筑工程费	设备购置费	安装工程费	其他费用	合计	建筑工程费	设备购置费	安装工程费	其他费用	合计
浙江嘉兴荷花220kV输变电工程	1511JX15	1511JX150	国网浙江电力	国网浙江电力	7445.55	1778.41	0.0	809.63	4857.51	4726.34	531.13	0.0	1612.14	2583.07	7679.01
浙江嘉兴南部220kV电网优化工程	1511JX16	1511JX160	国网浙江电力	国网浙江电力	28005.4	0.0	0.0	15916.48	12088.01	47986.04	0.0	281.7	45279.59	2424.75	30256.75
浙江嘉兴祝东～安江220kV线路工程	1511JX18	1511JX180	国网浙江电力	国网浙江电力	23836.23	0.0	0.0	21521.88	2314.35	5347.23	0.0	0.0	4952.95	394.27	25874.63
浙江嘉兴连杭220kV变电站第3台主	1511JX19	1511JX190	国网浙江电力	国网浙江电力	1509.05	115.6	1013.27	141.28	238.89	262.37	92.36	8.24	113.14	48.63	1680.0
嘉兴新光110kV输变电工程	1611JX15	1611JX150	国网浙江电力	国网浙江电力	1770.27	783.78	0.0	0.0	986.49	980.39	591.88	0.8	0.0	387.7	1880.27
嘉兴天带110kV输变电工程	1611JX16	1611JX160	国网浙江电力	国网浙江电力	7403.56	1120.18	1193.81	2879.69	2209.88	1989.83	292.77	0.0	1061.93	635.12	8052.98
嘉兴海宁龙渡110kV变电站第三台主	1611JX19	1611JX190	国网浙江电力	国网浙江电力	1679.15	132.11	680.53	466.07	400.44	259.72	11.79	0.0	134.79	113.11	1830.9

图 5-42　三率曲线数据管理－按“四项费用”查询

6. 三率预警管理

“三率预警管理”模块主要根据系统设定的预警规则，定期推送不满足预警规则的各类型项目预警。该模块许多功能开发尚未完善，目前能够应用于地市（县）级供电公司三率分析的功能模块主要有：“数据项指标审核”“项目白名单管理”。

（1）数据项指标审核。“数据项指标审核”模块主要核查项目全流程中各链条（包括里程碑链条、投资链条、资金链条、物资链条、项目匹配率、完整率等）、各字段数据准确性和及时性。展示类型分为“汇总”和“明细”，“汇总”展示体现各数据项指标准确性占项目总数的百分比；“明细”展示体现各项目、各链条数据项目指标审核具体结果，如图 5–43 所示。

图 5–43 数据项指标审核

（2）项目白名单管理。“项目白名单管理”模块汇总展示各时间节点、各项目具体告警内容。对于项目告警内容，若存在客观因素导致该告警，可申请白名单，申请剔除该条告警内容。申请白名单需填写“申请说明”，并提交“佐证材料”，白名单申请有效期一般为 6 个月。白名单申请在系统中提交后，经省公司及总部审核通过后，该条告警在下个告警周期将不再出现，如图 5–44 所示。

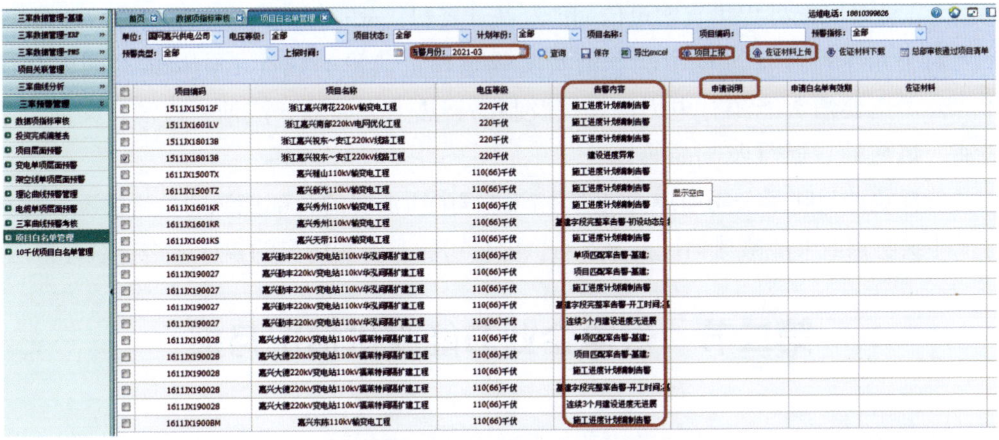

图 5–44 项目白名单管理

第六章　能　耗　报　表

第一节　能　耗　概　述

电力行业既是一次能源的主要消费者，又是二次能源的主要生产者，肩负着节能减排的重任。作为关系国民经济命脉的特大型能源供应企业，国家电网公司承担着优化能源资源配置的重要职责，在建设节约型社会的进程中，发挥着重要的基础性作用。为科学量化评估各项节能措施实施成效，国网公司于 2011 年起开展节能减排统计工作，建成能耗统计。能耗统计是对公司生产经营过程能源使用实物量和价值量的统计。

能耗统计的工作任务主要有：为企业能源消耗的精细化管理提供可靠资料；为国家电网公司和省市电网公司对所属企业（和单位）节能成效实行科学评价和监测提供重要依据；为政府和企业开展能源利用状况分析、制定相关政策措施提供统计服务；为电力行业及时向外提供真实可信的能耗统计资料；对能源消耗进行统计分析及预测。

对公司生产经营过程中能源消费实物量和价值量的统计工作构成公司能耗统计，公司主要消费能源有电力、煤炭及制品、热力、原油、汽油、煤油、柴油、燃料油、炼焦油、燃气及制品等。

能耗统计反映了公司所属企业在生产过程中所消费的全部能源的量价情况。能耗月报即供电企业节能减排情况月报，对供电公司能源消费情况的累计值进行统计报送。

第二节　供电企业节能减排情况月报

一、指标

本表为公司口径，和现行节能减排统计一致。填报范围为公司所属所有供电类型法人及产业活动单位。

（一）指标释义

（1）电量：统计企业在报告期内消费的电能量，实物量统计计量单位通常使用“万千瓦时（万 kWh）”。

（2）汽油：统计企业在报告期内消费的汽油的数量。汽油是从原油分馏和裂化过程取得的挥发性高、燃点低、无色或淡黄色的轻质油，实物量统计计量单位通常使用“吨（t）”。

（3）柴油：统计企业在报告期内消费的柴油的数量。柴油是指炼油厂炼制石油时，从蒸馏塔底部流出来的液体，属于轻质油，其挥发性比煤油低，燃点比煤油高，实物量统计计量单位通常使用“吨（t）”。

（4）自来水：通过城镇自来水管网供给工业生产、居民生活使用的水。

（5）工业总产值：指工业企业在本年内生产的以货币形式表现的工业最终产品和提供工业劳务活动的总价值量。

（6）劳动生产总值：劳动生产总值是指工业企业在报告期内以货币形式表现的工业生产活动的最终成果，是企业全部生产活动的总成果扣除了在生产过程中消耗或转换的物质产品和劳务价值后的余额，是企业生产过程中新增加的价值。

（7）平均从业人数：指在本单位工作并取得劳动报酬或收入人员数的报告期平均值。从业人员包括在岗职工和其他从业人员，如在各单位工作的外方人员和港澳台方人员、兼职人员、再就业的离退休人员、借用的外单位人员和第二职业者，但不包括离开本单位仍保留劳动关系的职工。

（二）计算关系

（1）“能源消费总量” = “工业生产能源消费”实物量+“非工业生产能源消费”实物量。

（2）“综合能源消费量” = “工业生产能源消费”实物量。

（3）“单位产值能耗（可比价）” = “综合能源消费量” / “总产值（可比价）”。

（4）“单位增加值能耗（可比价）” = “综合能源消费量” / “增加值（可比价）”。

（5）“人均能源消费量” = “能源消费总量” /平均从业人数。

（6）“综合线损率” = “线损电量” / “供电量” ×100。

（7）“10kV 及以下线损率” = “10kV 及以下线损电量”/“10kV 及以下供电量”。

（8）“综合节能量” =（上年同期“单位增加值能耗” – 本年累计“单位增加值

能耗”）×本年累计“增加值（可比价）”。

（9）“节能率”=本年累计“综合节能量”/上年同期“综合能源消费量”×100。

（10）“减排 CO_2”=“综合节能量”×标煤折 CO_2 系数，标煤折 CO_2 系数=2.493。

（11）“减排 SO_2” = “综合节能量” ×含硫率×0.8×2×（1−脱硫率）。

（三）数据来源

（1）个别指标需手工录入或公式计算获取；

（2）非法人单位不需要填报“增加值”和“单位增加值能耗”。

（四）须填报数据说明

所有数据保留 4 位小数，且均为累计值。

二、报表

（一）增加期别

登录规划计划信息管理平台（http://10.1.142.251/PowerInfo/bsp/jsp/login.jsp），依次点击“统计月报”—“能耗报表”—“供电企业节能减排情况月报”，如图 6−1 所示。然后点击“增加”按钮—输入对应的期别à点击“确认”按钮。

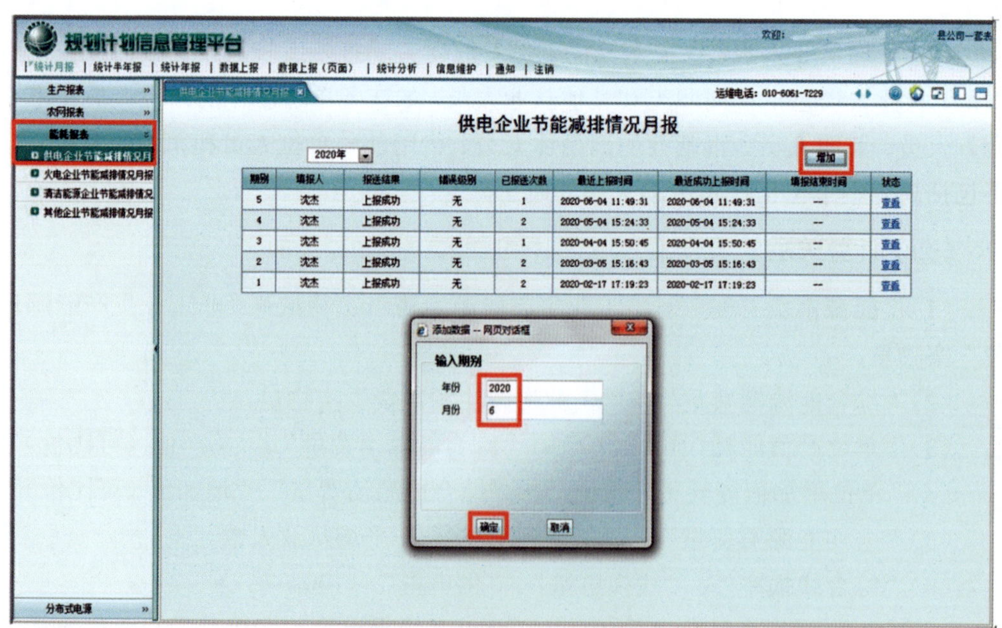

图 6−1　能耗报表：增加期别

（二）数据填写

本表数据通过系统取数、手工录入和公式计算获取，见图 6–2。

首先通过“取数按钮”获取“线损电量”等指标。

再输入需手动录入的指标，以本地区为例，主要指标有工业生产能源消费下的“电力”“汽油”“柴油”累计值，水消费指标下的“自来水”累计值，“总产值”下的“总产值（现价）”累计值，劳动生产总值下的“劳动生产总值（现价）”，能源消费指标下的“平均从业人数”。

最后计算保存，并检查，数据无误即可。

调整间距

2020年6月供电企业节能减排情况月报

指标名称	计量单位	本月止累计实物量	备注
供电企业能源及水消费台帐表			
一、工业生产能源消费	吨标煤		
1. 电力	万千瓦时		
其中：线损电量	万千瓦时		
2. 原煤（标准量）	吨标煤		
原煤（实物量）	吨		
其中：发电用煤	吨		
3. 热力	百万千焦		
4. 原油	吨		
5. 汽油	吨		
6. 煤油	吨		
7. 柴油	吨		
8. 燃料油	吨		
9. 炼焦油	吨		
10. 燃气及制品	吨标煤		
其中：天然气	立方米		
11. 焦炭	吨		
12. 其他能源	吨标煤		
二、非工业生产能源消费	吨标煤		
1. 电力	万千瓦时		
2. 原煤（标准量）	吨标煤		
原煤（实物量）	吨		
其中：发电用煤	吨		
3. 热力	百万千焦		
4. 原油	吨		
5. 汽油	吨		
6. 煤油	吨		
7. 柴油	吨		
8. 燃料油	吨		
9. 炼焦油	吨		

图 6–2　能耗报表：数据填写（一）

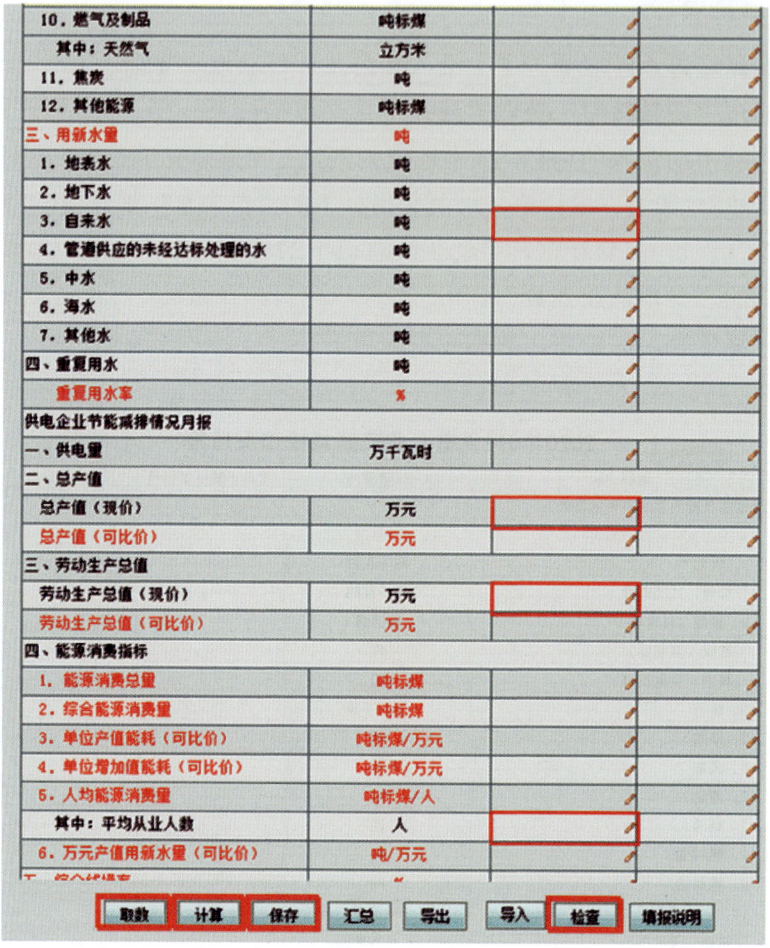

10．燃气及制品	吨标煤		
其中：天然气	立方米		
11．焦炭	吨		
12．其他能源	吨标煤		
三、用新水量	吨		
1．地表水	吨		
2．地下水	吨		
3．自来水	吨		
4．管道供应的未经达标处理的水	吨		
5．中水	吨		
6．海水	吨		
7．其他水	吨		
四、重复用水	吨		
重复用水率	%		
供电企业节能减排情况月报			
一、供电量	万千瓦时		
二、总产值			
总产值（现价）	万元		
总产值（可比价）	万元		
三、劳动生产总值			
劳动生产总值（现价）	万元		
劳动生产总值（可比价）	万元		
四、能源消费指标			
1．能源消费总量	吨标煤		
2．综合能源消费量	吨标煤		
3．单位产值能耗（可比价）	吨标煤/万元		
4．单位增加值能耗（可比价）	吨标煤/万元		
5．人均能源消费量	吨标煤/人		
其中：平均从业人数	人		
6．万元产值用新水量（可比价）	吨/万元		

取数　计算　保存　汇总　导出　导入　检查　填报说明

图 6-2　能耗报表：数据填写（二）

注意：

（1）黑色字段为需要系统取数或者手工录入的数据，红色字段为系统计算获得的数据。

（2）“总产值（现价）”“劳动生产总值（现价）”由省公司统一反馈。

（3）财务通常提供“汽油”“柴油”“自来水”的数据为财务发票金额，需要换算为“重量”或“体积单位”。

（4）在国家电网公司系统能源消费的主要品种是电力，其中，供电企业应检查确认电力消费量、线损电量折标后占能源消费总量的百分比保持在正常水平，发生异常波动时要及时分析引起波动的主要因素，确保统计数据准确性。

（三）数据保存

数据填写完毕后，依次点击“计算”→“保存”→“检查”按钮，数据检查通过即可。

第三节　报表审核提交

进入规划计划信息管理平台→点击“数据上报”→时间和上报单位默认→选择月报→选择能耗报表→勾选供电企业节能减排报表→点击“发送”按钮，页面显示发送成功即可，如图 6–3 所示。

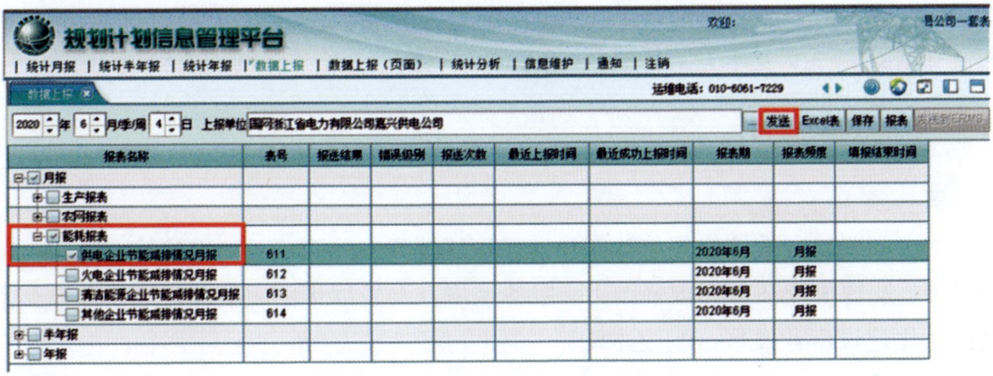

图 6–3　能耗报表：数据报送

附录 A　中华人民共和国统计法

我国唯一的一部统计法律，于 1983 年 12 月 8 日由第六届全国人民代表大会常务委员会第三次会议通过，1996 年 5 月 15 日经第八届全国人民代表大会常务委员第十九次会议修正，2009 年 6 月 27 日再次经第十一届全国人民代表大会常务委员会第九次会议修订通过，于 2010 年 1 月 1 日起施行。为了科学、有效地组织统计工作，保障统计资料的真实性、准确性、完整性和及时性，发挥统计在了解国情国力、服务经济社会发展中的重要作用，促进社会主义现代化建设事业发展，特制定本法。本法适用于各级人民政府、县级以上人民政府统计机构和有关部门组织实施的统计活动。全文共七章五十条。

一、总则

第一条

为了科学、有效地组织统计工作，保障统计资料的真实性、准确性、完整性和及时性，发挥统计在了解国情国力、服务经济社会发展中的重要作用，促进社会主义现代化建设事业发展，制定本法。

第二条

本法适用于各级人民政府、县级以上人民政府统计机构和有关部门组织实施的统计活动。

统计的基本任务是对经济社会发展情况进行统计调查、统计分析，提供统计资料和统计咨询意见，实行统计监督。

第三条

国家建立集中统一的统计系统，实行统一领导、分级负责的统计管理体制。

第四条

国务院和地方各级人民政府、各有关部门应当加强对统计工作的组织领导，为统计工作提供必要的保障。

第五条

国家加强统计科学研究，健全科学的统计指标体系，不断改进统计调查方法，提高统计的科学性。

国家有计划地加强统计信息化建设，推进统计信息搜集、处理、传输、共享、存储技术和统计数据库体系的现代化。

第六条

统计机构和统计人员依照本法规定独立行使统计调查、统计报告、统计监督的职权，不受侵犯。

地方各级人民政府、政府统计机构和有关部门以及各单位的负责人，不得自行修改统计机构和统计人员依法搜集、整理的统计资料，不得以任何方式要求统计机构、统计人员及其他机构、人员伪造、篡改统计资料，不得对依法履行职责或者拒绝、抵制统计违法行为的统计人员打击报复。

第七条

国家机关、企业事业单位和其他组织以及个体工商户和个人等统计调查对象，必须依照本法和国家有关规定，真实、准确、完整、及时地提供统计调查所需的资料，不得提供不真实或者不完整的统计资料，不得迟报、拒报统计资料。

第八条

统计工作应当接受社会公众的监督。任何单位和个人有权检举统计中弄虚作假等违法行为。对检举有功的单位和个人应当给予表彰和奖励。

第九条

统计机构和统计人员对在统计工作中知悉的国家秘密、商业秘密和个人信息，应当予以保密。

第十条

任何单位和个人不得利用虚假统计资料骗取荣誉称号、物质利益或者职务晋升。

二、统计调查管理

第十一条　统计调查项目包括国家统计调查项目、部门统计调查项目和地方统计调查项目。

国家统计调查项目是指全国性基本情况的统计调查项目。部门统计调查项目是指国务院有关部门的专业性统计调查项目。地方统计调查项目是指县级以上地方人民政府及其部门的地方性统计调查项目。

国家统计调查项目、部门统计调查项目、地方统计调查项目应当明确分工，互相衔接，不得重复。

第十二条　国家统计调查项目由国家统计局制定，或者由国家统计局和国务院有关部门共同制定，报国务院备案；重大的国家统计调查项目报国务院审批。

部门统计调查项目由国务院有关部门制定。统计调查对象属于本部门管辖系统的，报国家统计局备案；统计调查对象超出本部门管辖系统的，报国家统计局审批。

地方统计调查项目由县级以上地方人民政府统计机构和有关部门分别制定或者共同制定。其中，由省级人民政府统计机构单独制定或者和有关部门共同制定的，报国家统计局审批；由省级以下人民政府统计机构单独制定或者和有关部门共同制定的，报省级人民政府统计机构审批；由县级以上地方人民政府有关部门制定的，报本级人民政府统计机构审批。

第十三条 统计调查项目的审批机关应当对调查项目的必要性、可行性、科学性进行审查，对符合法定条件的，作出予以批准的书面决定，并公布；对不符合法定条件的，作出不予批准的书面决定，并说明理由。

第十四条 制定统计调查项目，应当同时制定该项目的统计调查制度，并依照本法第十二条的规定一并报经审批或者备案。

统计调查制度应当对调查目的、调查内容、调查方法、调查对象、调查组织方式、调查表式、统计资料的报送和公布等作出规定。

统计调查应当按照统计调查制度组织实施。变更统计调查制度的内容，应当报经原审批机关批准或者原备案机关备案。

第十五条 统计调查表应当标明表号、制定机关、批准或者备案文号、有效期限等标志。

对未标明前款规定的标志或者超过有效期限的统计调查表，统计调查对象有权拒绝填报；县级以上人民政府统计机构应当依法责令停止有关统计调查活动。

第十六条 搜集、整理统计资料，应当以周期性普查为基础，以经常性抽样调查为主体，综合运用全面调查、重点调查等方法，并充分利用行政记录等资料。

重大国情国力普查由国务院统一领导，国务院和地方人民政府组织统计机构和有关部门共同实施。

第十七条 国家制定统一的统计标准，保障统计调查采用的指标涵义、计算方法、分类目录、调查表式和统计编码等的标准化。

国家统计标准由国家统计局制定，或者由国家统计局和国务院标准化主管部门共同制定。

国务院有关部门可以制定补充性的部门统计标准，报国家统计局审批。部门统计标准不得与国家统计标准相抵触。

第十八条 县级以上人民政府统计机构根据统计任务的需要，可以在统计调查对象中推广使用计算机网络报送统计资料。

第十九条 县级以上人民政府应当将统计工作所需经费列入财政预算。

重大国情国力普查所需经费，由国务院和地方人民政府共同负担，列入相应年度的财政预算，按时拨付，确保到位。

三、统计资料的管理和公布

第二十条 县级以上人民政府统计机构和有关部门以及乡、镇人民政府，应当按照国家有关规定建立统计资料的保存、管理制度，建立健全统计信息共享机制。

第二十一条 国家机关、企业事业单位和其他组织等统计调查对象，应当按照国家有关规定设置原始记录、统计台账，建立健全统计资料的审核、签署、交接、归档等管理制度。

统计资料的审核、签署人员应当对其审核、签署的统计资料的真实性、准确性和完整性负责。

第二十二条 县级以上人民政府有关部门应当及时向本级人民政府统计机构提供统计所需的行政记录资料和国民经济核算所需的财务资料、财政资料及其他资料，并按照统计调查制度的规定及时向本级人民政府统计机构报送其组织实施统计调查取得的有关资料。

县级以上人民政府统计机构应当及时向本级人民政府有关部门提供有关统计资料。

第二十三条 县级以上人民政府统计机构按照国家有关规定，定期公布统计资料。

国家统计数据以国家统计局公布的数据为准。

第二十四条 县级以上人民政府有关部门统计调查取得的统计资料，由本部门按照国家有关规定公布。

第二十五条 统计调查中获得的能够识别或者推断单个统计调查对象身份的资料，任何单位和个人不得对外提供、泄露，不得用于统计以外的目的。

第二十六条 县级以上人民政府统计机构和有关部门统计调查取得的统计资料，除依法应当保密的外，应当及时公开，供社会公众查询。

四、统计机构和统计人员

第二十七条 国务院设立国家统计局，依法组织领导和协调全国的统计工作。

国家统计局根据工作需要设立的派出调查机构，承担国家统计局布置的统计调查等任务。

县级以上地方人民政府设立独立的统计机构，乡、镇人民政府设置统计工作岗位，配备专职或者兼职统计人员，依法管理、开展统计工作，实施统计调查。

第二十八条 县级以上人民政府有关部门根据统计任务的需要设立统计机构，或者在有关机构中设置统计人员，并指定统计负责人，依法组织、管理本部门职责范围内的统计工作，实施统计调查，在统计业务上受本级人民政府统计机构的指导。

第二十九条 统计机构、统计人员应当依法履行职责，如实搜集、报送统计资料，不得伪造、篡改统计资料，不得以任何方式要求任何单位和个人提供不真实的统计资料，不得有其他违反本法规定的行为。

统计人员应当坚持实事求是，恪守职业道德，对其负责搜集、审核、录入的统计资料与统计调查对象报送的统计资料的一致性负责。

第三十条 统计人员进行统计调查时，有权就与统计有关的问题询问有关人员，要求其如实提供有关情况、资料并改正不真实、不准确的资料。

统计人员进行统计调查时，应当出示县级以上人民政府统计机构或者有关部门颁发的工作证件；未出示的，统计调查对象有权拒绝调查。

第三十一条 国家实行统计专业技术职务资格考试、评聘制度，提高统计人员的专业素质，保障统计队伍的稳定性。

统计人员应当具备与其从事的统计工作相适应的专业知识和业务能力。

县级以上人民政府统计机构和有关部门应当加强对统计人员的专业培训和职业道德教育。

五、监督检查

第三十二条 县级以上人民政府及其监察机关对下级人民政府、本级人民政府统计机构和有关部门执行本法的情况，实施监督。

第三十三条 国家统计局组织管理全国统计工作的监督检查，查处重大统计违法行为。

县级以上地方人民政府统计机构依法查处本行政区域内发生的统计违法行为。但是，国家统计局派出的调查机构组织实施的统计调查活动中发生的统计违法行为，由组织实施该项统计调查的调查机构负责查处。

法律、行政法规对有关部门查处统计违法行为另有规定的，从其规定。

第三十四条 县级以上人民政府有关部门应当积极协助本级人民政府统计机构查处统计违法行为，及时向本级人民政府统计机构移送有关统计违法案件材料。

第三十五条 县级以上人民政府统计机构在调查统计违法行为或者核查统计数据时，有权采取下列措施：

（一）发出统计检查查询书，向检查对象查询有关事项；

（二）要求检查对象提供有关原始记录和凭证、统计台账、统计调查表、会计资料及其他相关证明和资料；

（三）就与检查有关的事项询问有关人员；

（四）进入检查对象的业务场所和统计数据处理信息系统进行检查、核对；

（五）经本机构负责人批准，登记保存检查对象的有关原始记录和凭证、统计台账、统计调查表、会计资料及其他相关证明和资料；

（六）对与检查事项有关的情况和资料进行记录、录音、录像、照相和复制。

县级以上人民政府统计机构进行监督检查时，监督检查人员不得少于二人，并应当出示执法证件；未出示的，有关单位和个人有权拒绝检查。

第三十六条 县级以上人民政府统计机构履行监督检查职责时，有关单位和个人应当如实反映情况，提供相关证明和资料，不得拒绝、阻碍检查，不得转移、隐匿、篡改、毁弃原始记录和凭证、统计台账、统计调查表、会计资料及其他相关证明和资料。

六、法律责任

第三十七条 地方人民政府、政府统计机构或者有关部门、单位的负责人有下列行为之一的，由任免机关或者监察机关依法给予处分，并由县级以上人民政府统计机构予以通报：

（一）自行修改统计资料、编造虚假统计数据的；

（二）要求统计机构、统计人员或者其他机构、人员伪造、篡改统计资料的；

（三）对依法履行职责或者拒绝、抵制统计违法行为的统计人员打击报复的；

（四）对本地方、本部门、本单位发生的严重统计违法行为失察的。

第三十八条 县级以上人民政府统计机构或者有关部门在组织实施统计调查活动中有下列行为之一的，由本级人民政府、上级人民政府统计机构或者本级人民政府统计机构责令改正，予以通报；对直接负责的主管人员和其他直接责任人员，由任免机关或者监察机关依法给予处分：

（一）未经批准擅自组织实施统计调查的；

（二）未经批准擅自变更统计调查制度的内容的；

（三）伪造、篡改统计资料的；

（四）要求统计调查对象或者其他机构、人员提供不真实的统计资料的；

（五）未按照统计调查制度的规定报送有关资料的。

统计人员有前款第三项至第五项所列行为之一的，责令改正，依法给予处分。

第三十九条 县级以上人民政府统计机构或者有关部门有下列行为之一的，对直接负责的主管人员和其他直接责任人员由任免机关或者监察机关依法给予处分：

（一）违法公布统计资料的；

（二）泄露统计调查对象的商业秘密、个人信息或者提供、泄露在统计调查中获得的能够识别或者推断单个统计调查对象身份的资料的；

（三）违反国家有关规定，造成统计资料毁损、灭失的。

统计人员有前款所列行为之一的，依法给予处分。

第四十条 统计机构、统计人员泄露国家秘密的，依法追究法律责任。

第四十一条 作为统计调查对象的国家机关、企业事业单位或者其他组织有下列行为之一的，由县级以上人民政府统计机构责令改正，给予警告，可以予以通报；其直接负责的主管人员和其他直接责任人员属于国家工作人员的，由任免机关或者监察机关依法给予处分：

（一）拒绝提供统计资料或者经催报后仍未按时提供统计资料的；

（二）提供不真实或者不完整的统计资料的；

（三）拒绝答复或者不如实答复统计检查查询书的；

（四）拒绝、阻碍统计调查、统计检查的；

（五）转移、隐匿、篡改、毁弃或者拒绝提供原始记录和凭证、统计台账、统计调查表及其他相关证明和资料的。

企业事业单位或者其他组织有前款所列行为之一的，可以并处五万元以下的罚款；情节严重的，并处五万元以上二十万元以下的罚款。

个体工商户有本条第一款所列行为之一的，由县级以上人民政府统计机构责令改正，给予警告，可以并处一万元以下的罚款。

第四十二条 作为统计调查对象的国家机关、企业事业单位或者其他组织迟报统计资料，或者未按照国家有关规定设置原始记录、统计台账的，由县级以上人民政府统计机构责令改正，给予警告。

企业事业单位或者其他组织有前款所列行为之一的，可以并处一万元以下的罚款。

个体工商户迟报统计资料的，由县级以上人民政府统计机构责令改正，给予警告，可以并处一千元以下的罚款。

第四十三条 县级以上人民政府统计机构查处统计违法行为时，认为对有关国家工作人员依法应当给予处分的，应当提出给予处分的建议；该国家工作人员的任免机关或者监察机关应当依法及时作出决定，并将结果书面通知县级以上人民政府统计机构。

第四十四条 作为统计调查对象的个人在重大国情国力普查活动中拒绝、阻碍统计调查，或者提供不真实或者不完整的普查资料的，由县级以上人民政府统计机构责令改正，予以批评教育。

第四十五条 违反本法规定，利用虚假统计资料骗取荣誉称号、物质利益或者职务晋升的，除对其编造虚假统计资料或者要求他人编造虚假统计资料的行为依法追究法律责任外，由作出有关决定的单位或者其上级单位、监察机关取消其荣誉称号，追缴获得的物质利益，撤销晋升的职务。

第四十六条 当事人对县级以上人民政府统计机构作出的行政处罚决定不服的，可以依法申请行政复议或者提起行政诉讼。其中，对国家统计局在省、自治区、直辖市派出的调查机构作出的行政处罚决定不服的，向国家统计局申请行政复议；对国家统计局派出的其他调查机构作出的行政处罚决定不服的，向国家统计局在该派出机构所在的省、自治区、直辖市派出的调查机构申请行政复议。

第四十七条 违反本法规定，构成犯罪的，依法追究刑事责任。

七、附则

第四十八条 本法所称县级以上人民政府统计机构，是指国家统计局及其派出的调查机构、县级以上地方人民政府统计机构。

第四十九条 民间统计调查活动的管理办法，由国务院制定。

中华人民共和国境外的组织、个人需要在中华人民共和国境内进行统计调查活动的，应当按照国务院的规定报请审批。

利用统计调查危害国家安全、损害社会公共利益或者进行欺诈活动的，依法追究法律责任。

第五十条 本法自 2010 年 1 月 1 日起施行。

附录B 国网公司统计管理办法

一、总则

第一条 为加强国家电网有限公司（以下简称“公司”）统计管理，科学高效地组织开展统计工作，规范统计行为，依据《中华人民共和国统计法》《中华人民共和国统计法实施条例》及《国家电网有限公司章程》，制定本办法。

第二条 公司依法履行统计调查单位职责，设立统计机构，依法组织、管理职责范围内的统计工作，实施统计调查。

第三条 公司统计工作的基本任务是服务经济社会发展和社会主义现代化建设，服务公司发展目标，对公司系统的生产经营活动进行统计调查和分析，提供统计信息和统计咨询，实行统计监督。

第四条 公司统计工作的基本原则是真实准确、完整及时、科学严谨、优质服务。

第五条 本办法适用于公司总（分）部、各省（自治区、直辖市）电力公司、直属单位及其所属各级单位（含全资、控股、代管单位）（以下简称“各级各单位”）的统计管理工作。

二、统计分工与职责

第六条 公司建立集中统一、分级管理的统计体系，统计工作按归口统计管理、专业统计管理分工负责。

第七条 公司总（分）部、各省（市、县）公司发展部门是统计归口管理部门（以下简称“归口部门”）；各级直属单位应设立归口部门；各级各单位归口部门应分专业设置专职统计岗位，配齐统计人员。

各级各单位的各部门是专业统计管理部门（以下简称“专业部门”），根据统计工作需要，应设置专（兼）职统计岗位，配齐统计人员。

中国电科院、国网经研院、国网能源院、各省级电科院、各省（市）级经研院（所）等单位（部门）是统计工作的业务支撑机构，应设置支撑统计工作的专门部门（班组）和专职岗位，配齐统计支撑人员。

第八条 各级各单位归口部门及专业部门的主要职责是：

（一）总部层面

1. 总部归口部门主要职责

负责建立公司统计工作管理体系，制定公司统计管理制度标准；负责统一制定公司级统计指标体系和统计报表制度，负责公司各专业统计报表制度的定期备案管理；负责归口管理公司统计数据信息发布；负责组织开展公司统计分析和课题研究；负责对公司系统统计工作实施监督、检查和考评；负责统一组织统计信息化建设；负责组织公司系统统计人员业务培训；负责组织各专业部门完成政府统计部门工作任务。

2. 总部专业部门主要职责

负责贯彻落实公司统计管理制度标准，制定本专业统计报表制度，并在实施前完成备案；负责审核、汇总本专业统计数据，对数据质量负责，并按照归口部门要求及时提供本专业数据；负责开展本专业统计分析和课题研究；负责配合归口部门实施统计监督、检查和考评；负责开展本专业统计业务培训；负责配合归口部门开展其他统计工作；负责向归口部门报送统计工作计划总结。

（二）分部、省公司及各直属单位层面

1. 各单位归口部门主要职责

分部、省公司本部及各直属单位本部归口部门负责贯彻落实公司统计管理制度标准；负责制定分部、省公司级统计指标体系和统计报表制度，负责分部、省公司各专业统计报表制度的定期备案管理；负责汇总、审核、上报统计数据；负责归口管理本单位统计数据信息发布；负责开展本单位统计分析和课题研究；负责组织实施统计监督、检查和考评；受政府委托行使电力行业统计职能；负责组织本单位统计人员业务培训；负责组织各专业部门完成政府统计部门工作任务。

2. 各单位专业部门主要职责

负责贯彻落实公司统计管理制度标准，制定分部、省公司级本专业统计报表制度，并在实施前完成备案；负责审核、汇总本专业统计数据，对数据质量负责，并按照归口部门要求及时提供本专业数据；负责开展本专业统计分析和课题研究；负责开展本专业统计业务培训；负责配合归口部门开展其他统计工作；负责对本专业统计数据质量进行流程管控及监督检查；负责向归口部门报送统计工作计划总结。

（三）市、县公司及省公司各直属单位层面

1. 各单位归口部门主要职责

市、县供电公司及省公司各直属单位归口部门负责贯彻落实公司统计管理制度和统计报表制度；负责汇总、审核、上报统计数据；负责组织开展本单位统计分析和课题研究；负责组织本单位统计业务培训；负责收集本区域内电力行业的统计信息；负责组织各专业部门完成政府统计部门工作任务。

2. 各单位专业部门主要职责

负责贯彻落实公司统计管理制度标准和本专业统计报表制度；负责收集、审核、汇总本专业统计数据，并对数据质量负责；负责开展本专业统计分析和课题研究；负责开展本专业统计业务培训；负责配合归口部门开展其他统计工作；负责对本专业统计数据质量进行流程管控及监督检查；负责向归口部门报送统计工作计划总结。

第九条　各级各单位互联网部门负责组织公司数据质量常态核查治理，促进数据质量提升，为公司统计工作提供可靠数据源；负责以服务经济社会发展和公司发展为目标，开展统计信息系统建设，统计信息系统纳入公司信息化建设总体规划，以公司发展规划为指导，统一规划，统一标准，统一开发，分步实施；负责信息系统安全管理和日常维护，健全运维体系，保证统计信息系统运行的软硬件环境。

第十条　中国电科院、国网经研院、国网能源院分别作为总部统计业务支撑机构，协助开展统计调查、统计分析、统计咨询和课题研究等工作，对省级电科院、经研院开展业务指导；省级电科院、经研院分别作为分部、省级统计业务支撑机构，协助开展统计调查、统计分析和统计咨询等工作，对市级经研所开展业务指导；市级经研所作为市级统计业务支撑机构，协助开展统计调查、统计分析和统计咨询等工作。

第十一条　公司实施统计数据质量责任制，不断完善数据质量追溯和问责机制。各级各单位主要负责人负主要领导责任，分管负责人负直接领导责任，领导班子成员负主体责任，纪检监察机构负违纪违法监督责任。按照数据“谁产生、谁负责”的原则，统计数据提供部门主要负责人负第一责任，各专业统计数据提供人员负直接责任，归口部门负统计专业监督责任。日常统计工作中要规范统计报送审批流程，严格落实填表人、审核人和负责人的签名、盖章、存档流程。统计资料的填报、审核、签署人员应当对其填报、审核、签署的统计资料的真实性、准确性和完整性负责。

第十二条 各级各单位统计机构和统计人员依法独立行使统计调查权、统计报告权、统计监督权，不受侵犯。任何单位与个人不得自行修改归口部门、专业部门和统计人员依法搜集、整理的统计资料，不得以任何方式要求归口部门、专业部门、统计人员及其他人员伪造、篡改统计资料，不得对依法履行职责或者拒绝、抵制统计违法行为的统计人员打击报复。

三、统计调查与分析

第十三条 公司统计调查工作包括政府（含行业）统计调查和企业统计调查。政府（含行业）统计调查是指国家、部门、地方布置的统计调查。企业统计调查是指涉及公司系统全部经营活动，覆盖公司所有专业管理的统计调查。

第十四条 公司统计调查以定期报表为主，以抽样调查、重点调查、典型调查等为辅。

归口部门对公司级统计指标体系和统计报表制度的修订、完善、发布、执行、使用和评价的全过程实行统一管理，专业部门分工负责，支撑机构提供业务支持。

第十五条 企业统计调查方案由公司总部归口部门制定，分部、省公司归口部门根据实际情况，可补充制定本单位施行的统计调查方案，统计调查方案以报表制度方式进行明确。

总（分）部、省（市、县）级专业部门开展的专项统计调查方案，由相关部门制定，并报同级归口部门备案。

第十六条 公司系统统计报表实行逐级汇总上报，根据管理需要，部分统计指标采用统计直报方式由基层单位直报公司总部。

第十七条 各级各单位应当严格规范统计数据的报送，严禁未经允许擅自修改统计数据，遇有统计口径变化、历史数据调整等事项，应当书面上报上一级单位归口部门，按照上级单位批复的意见执行。

第十八条 各级各单位对内对外报出的统计数据，实行归口管理，分专业负责，确保口径统一，数据一致。

第十九条 以统计信息源头采集、统计报表自动生成为目标，公司统计报表的报送应以信息系统为主、其他方式为辅，并通过统计信息化的不断提升，逐步实现全面信息系统报送。所有报送的统计报表，均应严格履行审批规定。

第二十条 公司各级单位应积极拓宽统计信息渠道，与政府部门和其他电力企业建立信息联系，广泛收集国内外的相关信息。

第二十一条 国家、部门、地方组织的统计调查由相应级别的单位组织实施。

对未按规定程序批准的外部统计调查，各级各单位有权拒绝。

第二十二条 统计分析是指运用统计方法及与分析对象有关的知识，以定量与定性相结合的方法进行的研究活动，涉及收集、审查业务数据和编制分析报告。

第二十三条 公司统计分析工作应服务经济社会和公司发展，围绕公司工作重点和运营管理中的薄弱环节，建立健全统计分析工作机制，定期开展统计分析，按报表制度要求及时上报分析材料；专业部门积极参与、承担专题统计分析，共同形成分析成果。

四、统计资料管理与发布

第二十四条 各级各单位应规范统计信息发布职责分工，由归口部门根据统计信息发布管理规定归口管理各相关专业部门开展统计数据发布。

第二十五条 各级各单位专业部门应做好统计档案管理工作，按档案管理规定做好统计资料立卷、归档、交接和保管工作。建立健全各专业统计台账，原始记录留存两年。

第二十六条 各级各单位应按照国家法规和公司制度的要求，加强信息化和信息共享、利用，严格做好统计信息保密工作。

五、统计人员及培训

第二十七条 统计人员应当熟悉电力统计业务，具备与其从事的统计工作相适应的专业知识和业务能力。

第二十八条 各级各单位各部门有计划地组织统计人员加强统计专业新知识、新技能及相关技术应用培训，不断提升统计人员的业务素质和创新能力。

第二十九条 公司定期组织开展各级各单位统计业务研讨、交流活动，促进统计管理水平和统计工作质量不断提高。

六、统计监督与考评

第三十条 各专业统计相关人员应当严格遵守统计法律法规，恪守职业道德，实事求是开展统计工作，真实、准确、完整、及时地提供统计资料，勇于揭发检举和抵制统计工作中的违法行为。

不能提供真实、准确、完整的统计资料，或迟报、拒报统计资料的单位和个人，将承担法律责任。

任何单位或个人不得将统计人员列为公司经营发展目标任务的责任人，或要求统计人员承担公司经营发展考核指标。

第三十一条 公司建立统计信用管理体系，通过统计信用采集、归集、认定和共享，组织对各级各单位统计信用进行评估和结果发布，对统计严重失信单位、部门和人员进行惩戒。

第三十二条 公司建立统计监督检查工作机制，采用“双随机”抽查、专项、重点检查以及实地核查等方式，对统计规章制度执行情况、统计数据质量进行检查，并对检查结果进行通报。被检查单位和个人应当协助检查，如实提供原始统计记录、统计台账、统计调查表以及与统计有关的其他资料。

第三十三条 公司对统计数据准确性、时效性、分析质量及统计工作开展情况进行考评，并公布考评结果。对于查实的严重影响公司经营发展决策的统计失信行为，纳入公司信用管理体系，会同各有关部门开展联合惩戒。

第三十四条 对在统计工作中做出突出贡献、取得显著成绩的单位和个人，按照公司有关规定给予表彰和奖励。